33 Milhões
de pessoas na sua rede de contatos

Como criar, influenciar e administrar um
negócio de sucesso por meio das redes sociais

Caro leitor,

Queremos saber sua opinião sobre nossos livros.
Após sua leitura, acesse nosso site (www.editoragente.com.br),
cadastre-se e contribua com sugestões, críticas e elogios! Boa leitura!

Juliette Powell

33 Milhões
de pessoas na sua rede de contatos

Como criar, influenciar e administrar um
negócio de sucesso por meio das redes sociais

Apresentação de **Ricardo Anderáos**
*Colunista de tecnologia da BandNews FM e diretor
de conteúdo on-line do Grupo Bandeirantes*

Tradução: Leonardo Abramowicz

Gerente Editorial
Eduardo Viegas Meirelles Villela

Editor de Desenvolvimento de Texto
Juliana Nogueira Luiz

Editor de Produção Editorial
Rosângela de Araujo Pinheiro Barbosa

Controle de Produção
Elaine Cristina Ferreira de Lima

Preparação de Texto
Ana Cristina Teixeira

Projeto Gráfico
Juliana Midori Horie/Know-how Editorial

Editoração
Mayara Barilli Enohata/Know-how Editorial

Capa
Weber Amendola

Revisão
Eliane Santoro/Know-how Editorial

Tradução
Leonardo Abramowicz

Impressão
Edições Loyola

Título original: *33 Million People in the Room*

Tradução autorizada da edição de língua inglesa intitulada 33 MILLION PEOPLE IN THE ROOM: HOW TO CREATE, INFLUENCE, AND RUN A SUCCESSFUL BUSINESS WITH SOCIAL NETWORKING, 1ª edição por JULIETTE POWELL, publicada por Pearson Education, Inc., publicada como FT Press. Copyright © 2009 por Pearson Education, Inc.

Todos os direitos reservados. Nenhuma parte deste livro pode ser reproduzida ou transmitida em nenhuma forma ou por nenhum meio, eletrônico ou mecânico, incluindo fotocopiagem, gravação ou por nenhum sistema de armazenamento de informação, sem a permissão de Pearson Education, Inc.

Edição na língua portuguesa publicada por Editora Gente.
Copyright © 2010.

Authorized translation from the English language edition, entitled 33 MILLION PEOPLE IN THE ROOM: HOW TO CREATE, INFLUENCE, AND RUN A SUCCESSFUL BUSINESS WITH SOCIAL NETWORKING, 1ST Edition by JULIETTE POWELL, published by Pearson Education, Inc., publishing as FT Press, Copyright © 2009 by Pearson Education, Inc.

All rights reserved. No part of this book may be reproduced or transmitted in any form or by any means, electronic or mechanical, including photocopying, recording or by any information storage retrieval system, without permission from Pearson Education, Inc.

PORTUGUESE language edition published by EDITORA GENTE, Copyright © 2010.

Rua Pedro Soares de Almeida, 114
São Paulo, SP – CEP 05029-030
Telefone: (11) 3670-2500
Site: http://www.editoragente.com.br
E-mail: gente@editoragente.com.br

Dados Internacionais de Catalogação na Publicação (CIP)
(Câmara Brasileira do Livro, SP, Brasil)

Powell, Juliette
  33 milhões de pessoas na sua rede de contatos – Como criar, influenciar e administrar um negócio de sucesso por meio das redes sociais / Juliette Powell ; tradução Leonardo Abramowicz. – São Paulo : Editora Gente, 2010.

  Título original: 33 million people in the room : how to create, influence, and run a successful business with social networking.
  Bibliografia.
  ISBN 978-85-7312-676-1

  1. Redes de negócios - Estudo de casos 2. Redes de relações sociais - Estudo de casos 3. Redes sociais on-line - Estudo de casos I. Título.

09-12657   CDD-658.044

Índices para catálogo sistemático:
1. Redes de negócios : Estudo de casos : Administração de empresa 658.044

Este livro é dedicado a Napier Collyns, por ter me incentivado a publicar minhas ideias; para minha família ampliada — Guy Laliberté, Ron Dennis, Moses Znaimer, Bran Ferren, Art Chang —; e para minha mãe, Marcelle Lapierre, e primos Nicole, Michael Jr. e Ginger-Lei, que continuam a me ensinar o valor de escolher pessoas de qualidade em minha vida.

// AGRADECIMENTOS

Como em qualquer outra grande decisão de minha vida, comecei a escrever este livro depois que um mentor me incentivou a fazê-lo. Não podia ter previsto o quão desafiador seria efetivamente concluí-lo. Passados cerca de sete meses trabalhando no desenvolvimento do *33 milhões de pessoas na sua rede de contatos*, por volta da época da entrega do primeiro esboço, descobri um caroço em meu seio. Depois de uma série de dolorosos exames e um confinamento na Clínica Mayo, fui diagnosticada com adenoma fibroide. Como minha mãe sempre diz: "Não é o que acontece para você na vida que importa, e sim o que você escolhe fazer com isso!". Nesse caso, escolhi dizer SIM para a vida, e meu diagnóstico se tornou o motor para a conclusão bem-sucedida deste livro.

33 milhões de pessoas na sua rede de contatos não teria sido possível sem a inestimável contribuição e amizade de centenas de pessoas, em particular a de Sophy Bot. O que começou com uma amiga próxima pacientemente ouvindo minhas ideias ao longo de nove meses evoluiu no último mês de preparação do livro para uma frutífera colaboração e uma amizade para toda a vida. A habilidade de Sophy e sua divertida capacidade de clarear minhas ideias, organizá-las e estruturá-las, de forma que leitores de todos os níveis pudessem facilmente entendê-las, fez toda a diferença para que o livro conseguisse ficar pronto para publicação dentro do prazo e em circunstâncias difíceis. Com sua atração por autômatos indisciplinados, também demonstrou uma incrível capacidade para me fazer rir enquanto fazia as ideias desconexas deste livro ganharem sentido. Contra todas as probabilidades e impossíveis prazos de execução, não poderia ter desejado uma melhor "cúmplice".

// APRESENTAÇÃO À EDIÇÃO BRASILEIRA

É verdade! Vivemos em um período de intensas mudanças.

Mas esse não é um privilégio desta geração de início de século. Ao longo dos tempos a humanidade vem passando por transformações importantes. Um exemplo? O congelamento do estreito de Bering, que proporcionou a migração do homem pré-histórico asiático para a América. O que dizer então da expansão ultramarina dos colonizadores espanhóis? Uma superglobalização radical em curso...

Mas estávamos falando da América... dela surgiu uma das grandes invenções que dotou esta geração de uma característica, aí, sim, exclusiva: a velocidade de acesso à informação mundial, com custo reduzido. Qual a invenção? O protocolo TCP-IP e a decorrente World Wide Web.

Assim, ferramentas bem conhecidas nos dias atuais, como Orkut, Facebook, Google e Twitter, começaram a ser idealizadas e, a partir daí, todos sabemos o que aconteceu.

Neste novo ambiente, viabilizado pelas modernas tecnologias de informação, surge a rede distribuída, constituída por pessoas e seus computadores hierarquicamente iguais, interagindo em busca de objetivos comuns. As convergências passam, então, a ser baseadas no prestígio de determinados atores (microcelebridades?), que podem de alguma forma influenciar novas perspectivas, opiniões e mercados.

E o Brasil está rapidamente aprendendo a surfar neste mundo, na mesma velocidade com que amplia, dia a dia, seu número de computadores e acessos à internet.

Porém, como aproveitar toda essa potencialidade para desenvolver negócios ou alavancar a carreira profissional? Em *33 milhões de pessoas na sua rede de contatos* (você logo irá descobrir o porquê do título), Juliette Powell compartilha suas experiências no mundo das tecnologias digitais, proporcionando interessantes *insights* para o aproveitamento das oportunidades do mundo contemporâneo.

Em uma narrativa instigante e inteligente, Juliette leva o leitor a uma nova fronteira de possibilidades, explorando o poder das redes sociais e os detalhes que devem receber atenção para torná-las eficazes. As abordagens sobre *crowdsourcing* e cocriação são muito interessantes, revelando novas perspectivas na produção de ideias, conteúdos e produtos. Da mesma forma, a compreensão de que a interatividade e a recomendação são aspectos fundamentais para os empreendimentos modernos demonstra a necessidade da concepção de novos modelos de negócios e de comunicação.

Apresentação à edição brasileira **//**

33 milhões desperta no leitor um desejo de realizar, de interagir e de fazer algo diferente. Para os iniciantes no tema, o livro apresenta, no final, um glossário com os principais termos utilizados no texto, além de casos reais e exemplos de aplicações. Para os mais experientes, propõe reflexões e faz pensar.

Juliette também deixa claro que a realização de projetos bem-sucedidos na internet é decorrente de estratégias transparentes de abordagem do público e da consciente utilização das ferramentas tecnológicas. Não existe mágica. Existem conhecimento, criatividade e habilidades.

É um livro daqueles para ler e reler, e sempre perceber aspectos diferentes. A imaginação flui a cada capítulo e você não deve se surpreender se surgirem ideias de negócios aparentemente malucas durante o percurso. É assim mesmo...

Quem sabe elas não sejam tão malucas e se tornem realidade?

Boa leitura!

Renato Fonseca de Andrade
Mestre e Doutor em engenharia de produção pela UFSCar,
e pesquisador e especialista em redes sociais, empreendedorismo e inovação

// PREFÁCIO À EDIÇÃO BRASILEIRA

Há milênios, o budismo e outras tradições orientais defendem a ideia de que somos todos conectados. Nos últimos anos, o crescimento exponencial da internet e das tecnologias móveis transformou essa concepção filosófica em realidade. Pouco importa se existem seis ou sete graus de separação entre cada um dos bilhões de habitantes do planeta. Em princípio, ninguém está a mais do que alguns cliques no mouse ou no teclado de nosso telefone celular.

Recentemente, sites como o Facebook e o Orkut traduziram e massificaram teorias sociológicas complicadas, como a "solidariedade orgânica" de Émile Durkheim, criada nos anos 1920, ou as "redes sociais" de J. A. Barnes, da década de 1950. Mas essa dança entre o complexo e o banal promovida pela tecnologia da informação tende a nos deixar ainda mais confusos. Ideias que não parecem ter nada de especial se transformam em milionários negócios on-line. Algumas das maiores e mais antigas empresas do planeta desabam vergonhosamente. E, no meio da maior crise da história do capitalismo, nosso país, eternamente deitado em berço esplêndido, finalmente começa a ser reconhecido como potência e ajuda a salvar a economia global. Qual a lógica?

Não é impossível entender como, na era da internet, o complexo se torna simples, e o que era fácil fica mais intrincado. Para entender isso é preciso assimilar a lógica das redes, transformá-la em nossa segunda natureza. É preciso perceber que investidores já não se comportam como uma boiada no pasto, mas sim como voluntários que, entre erros e acertos, constroem a credibilidade da Wikipédia. Ou aceitar que, para vencer no comércio, não se deve abrir os canhões contra os piratas, como estupidamente as grandes gravadoras fizeram, mas sim incorporar a distribuição gratuita e a cópia ilegal em seu modelo de negócio, como as empresas de software descobriram há anos.

O livro de Juliette Powell é um excelente companheiro de viagem para os empreendedores deste admirável mundo novo. Sua cartografia das redes sociais revela as diferenças entre conexões e conversações, e aponta de maneira clara a rota de transformação do capital social e cultural em capital financeiro. Apoiada em exemplos concretos e usando uma linguagem direta, ela consegue destilar a complexidade e iluminar nosso caminho. E, ao contrário do que indica o dissonante título do original inglês (*33 million people in the room: how to create, influence, and run a successful business with social networking*), esse mapa é útil tanto para empresas quanto para qualquer um que queira gerenciar melhor sua *persona* virtual e seus reflexos nos mais diferentes sites de *social networking*.

Ricardo Anderáos
Colunista de tecnologia da BandNews FM e
diretor de conteúdo on-line do Grupo Bandeirantes

// PREFÁCIO DE NAPIER COLLYNS

As coisas estão acontecendo muito rapidamente. Quando era menino somente algumas pessoas privilegiadas tinham carros e telefones. O telegrama entregue em mãos pelo correio era a maneira mais rápida para se comunicar com alguém. Cartas escritas à mão eram guardadas como tesouro e normalmente mantidas por toda a vida. As transações de negócios seguiam esse mesmo caminho. Cinquenta anos atrás usávamos telex para nos comunicar entre Londres e Nova York; o telefone transatlântico era muito caro. Alguns anos depois começamos a usar o fax. E, depois, no início dos anos 1980, quando surgia nas universidades a comunicação eletrônica por computadores, fizemos uma adaptação na Shell com o propósito de fazer negócios. Ao mesmo tempo, Stewart Brand iniciou o Whole Earth'lectronic Link (WELL) visando possibilitar a comunicação com uma emergente elite cultural e intelectual da área da baía de São Francisco, trocando ideias, notícias,

// 33 milhões de pessoas na sua rede de contatos

piadas e aspirações pessoais. Em 1987, Stewart veio nos ajudar a fundar o Global Business Network (GBN) para permitir que os líderes de negócios pudessem compartilhar seu conhecimento e suas ideias com "pessoas de destaque", escolhidas por nós para formar uma equipe visionária de consultores com formação em disciplinas variadas. Antes que a internet existisse da forma como a conhecemos, já estávamos continuamente nos comunicando por meio do nosso canto privado da WELL. Os negócios e os governos começaram a usar cada vez mais os novos canais de comunicação visando à colaboração na reflexão, a tomada de decisões e a aceleração da ação.

Um dia, há cerca de quatro anos, recebi um e-mail de Juliette Powell pedindo para que nos encontrássemos. Ela havia acabado de fundar a The Gathering Think Tank com um grupo de jovens líderes empresariais das áreas de tecnologia, mídia, política, arte, ciência, inovação e negócios. Falei-lhe de nossas aspirações ao formar a GBN — reunir líderes das maiores corporações com proeminentes e excepcionais pensadores, artistas e pessoas inovadoras que poderiam compartilhar seu conhecimento e instintos sobre novas perspectivas a respeito de para onde o mundo estava caminhando e as maneiras de reagir a essa realidade. A ideia era criar cenários sobre o futuro que pudessem ajudar os líderes empresariais a imaginar diferentes possibilidades e compartilhar um senso intuitivo sobre para onde as coisas poderiam ser encaminhadas. Eu e Juliette fomos "e-apresentados" por meio de um conhecido mútuo que insistia que o The Gathering Think Tank era uma versão do século XXI do GBN e de suas "pessoas notáveis". Ele veio nos dizer que, de todos os fundadores do GBN, Juliette deveria me encontrar, porque aparentemente ela era a "próxima geração Napier Collyns"!

Com o conhecimento de Juliette em mídia, nova mídia e tecnologia, e minha experiência em conseguir líderes para sentar e se envolver com ideias de outras pessoas, começamos a explorar novas maneiras de colaborar e fazer negócios. Tantos métodos novos de troca de informações, ideias e crenças têm sido desenvolvidos — publicamente ou de maneira privada — por meio da proliferação de comunicações eletrônicas que agora é possível compartilhar ideias de modo instantâneo com literalmente milhões de pessoas ou apenas com os poucos, ou aquele único que você selecionou. Juliette parece ter tudo isso em sua cabeça, tanto devido à sua experiência pessoal como a partir de uma espécie de compreensão instintiva!

Por isso eu quis que Juliette escrevesse este livro: para ajudar as pessoas, jovens ou não, a participar desta nova oportunidade de aprendizado e de negócios. Ela começou ensinando a mim e a meus colegas como tirar proveito das novas ferramentas de rede de comunicação social, o que nos ajudou tanto em nossos negócios quanto em nossas vidas pessoais. Agora seu livro oferece essas lições críticas a um bem público mais amplo. Cada leitor aprenderá algo novo e cada um de nós — de executivos de empresas a recém-graduados nas faculdades em início de carreira — aplicará esse conhecimento de formas diferentes. Tenho certeza de que Juliette ficará feliz em orientar qualquer pessoa que queira se aprofundar com maior confiança neste novo mundo, projetando e implementando para cada caso específico uma estratégia de mídia social vencedora. À medida que ler este livro você verá como estes incríveis novos caminhos de rede de comunicação social pela internet podem levá-lo a formas mais inovadoras e eficazes de fazer negócios e ficar conectado.

Napier Collyns foi durante trinta anos executivo internacional na área de energia. Em 1987, foi cofundador da Global Business Network, que agora pertence ao Monitor Group, com Peter Schwartz, Stewart Brand, Jay Ogilvy e Lawrence Wilkinson.

// PREFÁCIO DE JIMMY WALES E ANDREA WECKERLE

Wikipédia — uma estranha palavra, que ninguém jamais havia ouvido antes, foi cunhada em 2001. Hoje, quase nove anos depois, estima-se que perto de 1 bilhão de pessoas já tenha usado esse website. Para muitos "wikipédia" se tornou uma palavra comum. Para construir da maneira tradicional uma marca global como esta, instantaneamente reconhecida por centenas de milhões de pessoas, vão-se décadas e dezenas ou centenas de milhões de dólares em marketing.

Entretanto, na criação e no desenvolvimento da Wikipédia em uma marca conhecida, a Fundação Wikipédia, organização sem fins lucrativos fundada por Jimmy para operar o projeto, não gastou nada em marketing. Nem um centavo. A Wikipédia cresceu essencialmente a partir da divulgação boca a boca, à medida que a excitação da comunidade Wikipédia se espalhava de pessoa a pessoa, para blogueiros e profissionais da web, que, por sua vez, espalhavam para seus leitores, e seus amigos, e suas mães e assim por diante.

Usando exemplos como este e outros caracterizados em *33 milhões de pessoas na sua rede de contatos*, Juliette Powell explica como os negócios, grandes ou pequenos, estão usando modernas ferramentas on-line para atravessar a massa desordenada e alcançar sua audiência de novas maneiras. Powell descreve como o uso de redes de comunicação social pela internet ajudará os leitores a expandir os negócios, reduzir os riscos e os custos — não importando se são empresários de pequenos negócios que estão iniciando, gerentes de marketing de empresas estáveis com décadas de atuação, ou CEOs de companhias da *Fortune 500** fazendo um trabalho de alta tecnologia, como o desenvolvimento de semicondutores, ou de baixa tecnologia, como a exploração de uma loja de vinhos na esquina.

Em acréscimo à discussão sobre algumas das ferramentas de rede social na internet mais úteis atualmente e à explicação de como seriam relevantes em diferentes situações, a autora vai direto ao ponto de que cada pessoa tem capacidade de aumentar seu **capital social** — rede de relacionamentos e recursos disponíveis e acessíveis neste lugar — e seu **capital cultural** — a influência e as correspondentes vantagens resultantes do conhecimento, da experiência e das conexões da pessoa — que, por sua vez, têm um efeito positivo em sua capacidade de aumentar o capital financeiro.

Em meio aos exemplos tecnológicos e de consumidores que utiliza para ilustrar seus pontos, Powell revela também algumas informações fascinantes, como o estudo da UCLA** e Boardex, que discute

---

* O Fortune 500 é um tradicional ranking anual com as 500 maiores empresas do mundo, publicado pela revista norte-americana *Fortune*. (N.E.)

** UCLA — Universidade da Califórnia em Los Angeles. (N.R.)

a correlação entre o fato dos empregados de uma empresa estarem altamente vinculados em redes sociais na internet e a capacidade dessa empresa de tomar melhores decisões políticas e de investimentos e, portanto, melhorar seus resultados finais.

De maneira especial, uma das seções historicamente mais interessantes do livro envolve a atual política dos Estados Unidos. Um exemplo recente é a vitória de Barack Obama na corrida presidencial de 2008, cuja campanha pela internet é dissecada pela autora:

> "O decisivo sucesso da campanha de Obama pela internet se baseia principalmente em três fatores-chave, sendo o primeiro deles um investimento financeiro significativamente maior na área on-line do que aquele de seus oponentes. A campanha de Obama gastou de 10 a 20 vezes mais em anúncios de banners e links patrocinados do que seus colegas candidatos, veiculando anúncios em uma ampla variedade de sites que vão desde grandes jornais como o *Boston Globe* a blogs políticos como o *Daily Kos* e o *Drudge Report*. O segundo fator-chave no sucesso da campanha foi a ausência de uma abordagem de vendas escancarada e direta. Os usuários que clicavam no banner de Obama não eram levados para uma página de doação, mas sim para um formulário onde podiam se cadastrar para receber convites de eventos de campanha. Somente *após* submeter o formulário, os visitantes eram solicitados a fazer uma doação. Ao evitar táticas abertamente comerciais, Obama confirmava sua sinceridade e enviava aos que lhes davam apoio uma clara mensagem, embora tácita: a fidelidade é mais importante do que o dinheiro. O terceiro fator da campanha de Obama, e aquele que levaria diretamente sua mensagem de um grupo central de devotados e ardentes seguidores para o público em geral, está na profunda compreensão por parte de seus assessores a respeito do mundo on-line".

O outro exemplo é a ainda controversa derrota de Al Gore na campanha à Presidência de 2000:

"Na eleição presidencial dos Estados Unidos de 2000, Al Gore venceu no voto popular, mas, no final das contas, graças a uma decisão proferida pela Suprema Corte, perdeu para o candidato republicano George W. Bush. A derrota foi humilhante, mas graças a ela Gore aprenderia uma inestimável lição, que em última instância o ajudaria a mudar o rumo da história. Com a derrota do político Gore, o homem Gore pôde parar de pensar sobre como achavam que ele deveria agir e começar apenas a ser ele mesmo... Talvez a verdadeira chave para o sucesso de Gore em criar uma consciência generalizada [sobre o aquecimento global] tenha sido uma combinação de sua habilidade de, por um lado, comunicar apaixonada e convincentemente o que sabia e, por outro lado, a perspicaz capacidade de disseminar a mensagem através de sua vasta rede social pessoal, assim como para a multidão de pessoas que o conhecia".

33 milhões de pessoas na sua rede de contatos é um livro delgado; porém, não subestime sua importância apenas por ter menos de 200 páginas. Muitos livros de negócios são secos como um osso, mas este é envolvente e divertido de ler. Ele pode ajudá-lo a aprender a fazer o que Jimmy fez com a Wikipédia — para você mesmo, ou seu negócio ou sua empresa sem fins lucrativos. Se você não entender a natureza social da web e usá-la para ter sucesso, seus concorrentes certamente não irão perder tempo.

Jimmy Wales, fundador da Wikipédia, e Andrea Weckerle,
consultora de comunicações e empreendedora
Nova York, outono de 2008

// SUMÁRIO

Agradecimentos.. vii

Apresentação à edição brasileira ix

Prefácio à edição brasileira xiii

Prefácio de Napier Collyns... xv

Prefácio de Jimmy Wales e Andrea Weckerle......................... xix

1// O poder das redes sociais na internet 3

2// Entrando e começando 17

3// Fazendo as redes sociais trabalharem para você 31

4// A força da celebridade virtual 45

5// A necessidade de ser autêntico 55

6// O ciclo do retorno 67

7// Capital social → Capital cultural → Capital financeiro 79

8// Comunicação viral e comunidades: oportunidades
na distribuição 91

9// O *crowdsourcing* e a criação conjunta: oportunidades
na produção 107

10// Abrindo os canais, dentro e fora: oportunidades
na comunicação 119

11// O sucesso está onde você o encontra 129

Glossário **139**

DOZE MINUTOS E QUARENTA E OITO SEGUNDOS DETERMINARIAM SE TODA A FRANQUIA TERIA SUCESSO OU FRACASSARIA. PARA CHRIS ANDERSON, A IMPRESSÃO ERA UM POUCO COMO SE ESTIVESSE CAMINHANDO EM DIREÇÃO À TOCA DOS LEÕES.

1 // O PODER DAS REDES SOCIAIS NA INTERNET

Em fevereiro de 2002, um grupo de pessoas das mais poderosas e influentes do mundo sentou-se na primeira fileira do auditório: Jeffrey Katzenberg, Quincy Jones, Art Buchwald e Frank Gehry. Um outro grupo de outros notáveis luminares agitava-se em seus lugares, com um misto de curiosidade e antecipação, enquanto esperava o discurso inaugural de Anderson, o novo líder da TED*.

Por 12 anos, o Centro de Convenções de Monterey tem sido palco para a TED, a mundialmente famosa conferência e importante berço incubador para novidades que variam desde o computador Macintosh até a revista *Wired* e o Projeto do Genoma Humano. Podero-

---

* TED — Technology, Entertainment and Design. Ver Glossário. (N.T.)

sos da mídia, cientistas e profissionais da área de entretenimento sentam-se, ouvem e aprendem ao lado de executivos da *Fortune 500*, investidores de risco e ganhadores do Prêmio Nobel, comparando anotações nos intervalos das discussões e voltando ao auditório para se saciar em novas sessões e ideias inspiradoras. De várias maneiras, a TED está para a tecnologia como o Bohemian Club para a política ou o que o Studio 54 era para a moda e a música nos anos 1970. E nisso a TED não é diferente das redes sociais de elite, tal como estas têm sido ao longo da história humana. Onde o criador de *Os Simpsons*, Matt Groening, poderia conversar durante o café com Max Levchin, fundador do PayPal, e, em seguida, papear com Craig Venter, que mapeou o genoma humano?

No momento em que Anderson chegou ao centro do palco, a tensão na sala era palpável. O jornalista e editor, de fala macia, nascido na Inglaterra, representava uma mudança de guarda, um novo começo, um novo proprietário e novas ideias. Para alguns, parecia o início do fim da TED que cresceram amando; para outros, era o amanhecer de uma nova era de possibilidades. Anderson tinha nascido para aquilo. As expectativas eram altas e ele havia resolvido superá-las. Mas primeiro tinha que convencer uma sala repleta com algumas das pessoas mais conectadas do planeta de que ele merecia e valia sua confiança.

Chris Anderson, o ícone da atividade empreendedora, deu um passo em direção ao palco para revelar Chris Anderson, o homem que admitia estar desesperadamente em busca da chave para sua própria felicidade. Ele contou para a sala extasiada sobre como, há alguns anos, aqueles que o encontraram na época como um participante da TED estavam diante de um homem que havia começado do nada e crescera tornando-se um bilionário movido pelo ego, cujo valor pessoal estava completamente misturado com o valor de seu patrimônio financeiro. No auge do fracasso da bolha das pontocom, o patrimônio líquido de Anderson diminuiu cerca de 1 milhão de dólares por dia — por 18 meses ininterruptos. Sua preocupação não era tanto com a perda do dinheiro, mas sim com a questão absolutamente importante de "Como permiti que minha felicidade pessoal tivesse ficado tão amarrada nesse negócio?". Durante um ínfimo lapso de tempo, assistiu a tudo que havia construído nos últimos 15 anos desmoronar, transformando-se em nada. A história que ele contava novamente ressoava na audiência, em que 90% dos presentes haviam alguma vez subido na mesma montanha-russa aterradora em suas respectivas carreiras.

Anderson fez uma pausa e olhou nos olhos de sua nova comunidade antes de continuar a explicar como a necessidade de aliviar os estresses em torno de suas tempestades emocionais e financeiras o havia levado a investir no futuro da TED. O seu sentimento de propósito fez eco ao desejo comum do público de usar a conferência como catalisadora da mudança, facilitando a todos a difícil transição e proporcionando à comunidade um lugar para a criação conjunta no futuro. Ele disse que o tema da conferência do ano seguinte seria o Renascimento, em honra a uma comunidade que se reúne em tempos de desafio e mudança. Entre outras mudanças em andamento, Anderson planejou expandir a TED para representar mais do que os três campos originais que lhe davam nome — Tecnologia, Diversão e Design — visando também englobar educação, política, literatura, espiritualidade, ciência, energia, empreendimento social e questões ambientais, entre outros assuntos. Ele ainda planejou impulsionar a exclusiva comunidade da TED, de cerca de 1.500 pessoas, para um território inexplorado, abrindo-a ao mundo utilizando o poder das plataformas de rede social da internet. A fala de 12 minutos e 48 segundos de Anderson lhe rendeu uma ovação em pé e uma massiva aprovação para prosseguir com sua visão em prol da recém-descoberta comunidade.

    Como havia prometido, na ocasião em que assumiu o controle em 2002, a TED avançou gerando novos horizontes e abrindo sua política de portas fechadas para o mundo, abraçando a tecnologia social e todas as suas possibilidades. Apesar de seu sucesso ter sido um movimento audacioso — 6 mil dólares o ingresso por convidado —, a comunidade TED era considerada a mais exclusiva e fechada do mundo. Por que deveriam abraçar a ideia de oferecer livre acesso para qualquer pessoa que mostrasse interesse? Além disso, os membros da TED não estavam dispostos a perder tempo em redes sociais on-line ou em grupos de discussão — eles simplesmente não tinham tempo ou não percebiam a necessidade.

    A chegada de June Cohen como chefe de mídia e da iniciativa on-line da TED mudou esta realidade e trouxe a TED para uma nova era de comunicação aberta. Cohen compreendeu que, não importando se eram técnicos, voluntários, celebridades ou patrocinadores, praticamente todos que vivenciavam uma sessão da TED queriam falar a respeito. Em 2006, começou um experimento em massa com o objetivo de distribuir gratuitamente vídeos on-line patrocinados dos arquivos de conversas da TED. Durante os dois anos seguintes, os arquivos de conversas da TED seriam vistos mais de 50 milhões de vezes, gerando uma ardente comunidade de pessoas autosselecionadas, a maioria das quais jamais participaria da conferência por si mesmo. Ao abrir a TED para as plataformas de rede social na internet, Cohen e Anderson atuaram a favor de um fenômeno humano natural — o desejo inato de fazer parte de uma comunidade. *33 milhões de pessoas na sua rede de contatos* é um livro que fala sobre a compreensão desta necessidade, codificando-a e usando esse código para maior êxito nos negócios.

DE "SER ALCANÇADO" A "FICAR EM CONTATO"

> A nova ordem favorece aqueles que estão na rede on-line, espalham mensagens e promovem suas marcas. Mesmo se a bolha estourar — e prevemos que irá — o poder da mídia social de transformar a sociedade e nossos negócios só vai crescer.
> *Newsweek*

Do MySpace ao Facebook e do LinkedIn ao Webkinz, as redes sociais estão nas manchetes das notícias e na boca de todos. A questão é: o que são e por que são importantes? E, mais fundamental ainda: como se aplicam a você e aos seus negócios?

O conceito de rede social recua no passado, para uma época bem antes de a internet ter sido inventada (ou o próprio computador pessoal). Ele se refere a uma comunidade na qual as pessoas estão de alguma forma conectadas — por meio de amizade, valores, relações no trabalho, ideias. Hoje o termo "rede social" também se refere à plataforma web onde as pessoas podem se conectar entre si. É o equivalente on-line ao arquivo rotatório de contatos de negócios e ao arquivo de fichários englobados em um único, e está se tornando onipresente. Em essência, as redes sociais on-line apenas oferecem novas maneiras de se comunicar: se antes enviávamos cartas, passamos a telefonar; depois, a enviar e-mails e mensagens de texto, e agora nos conectamos por meio de nossos perfis on-line e nos tornamos amigos uns dos outros no Facebook.

Pense em todos os empregos que você já teve, todas as escolas que frequentou e todos os amigos e colegas que fez ao longo do caminho, e imagine ainda ser capaz de manter e estar em contato com todos eles. Talvez a recomendação de um antigo colega ajudasse você a obter aquele emprego, ou talvez a empresa recém-criada por seu companheiro de faculdade esteja disposta a apoiar a mais recente iniciativa de sua companhia. As redes sociais não são apenas para alcançar as pessoas — elas são para ficar em contato.

Quando você olha para a história dos negócios, arte e ciência, as pessoas que estão mudando a paisagem cultural, científica e dos negócios estão todas conectadas entre si. Em qualquer época, todos os grandes artistas e os brilhantes cientistas se conheciam uns aos outros. Eles ficavam juntos, inspiravam-se e colaboravam entre si. As redes sociais tornam esses relacionamentos transparentes e oferecem ferramentas para ajudar você a se conectar e *ficar* conectado.

Não importa se você é de uma pequena organização ou de uma grande corporação, as redes sociais estão mudando o mundo e a forma como fazemos negócios. Todos podem gratuitamente se agregar a elas; e elas estão criando novas oportunidades de negócios na produção, distribuição e comunicação. Não oferecem grandes barreiras para a entrada e representam um conjunto de oportunidades potencialmente gerador de receitas. Como você aproveitará estas oportunidades e ganhará dinheiro, sendo uma pequena loja de negócios ou uma grande multinacional?

A LEI DE REED E O CENTRO DO UNIVERSO

Tornou-se parte corriqueira do almoço de negócios-padrão: sentar à mesa, aproximar a cadeira, tirar seu smartphone e colocá-lo à sua frente sobre a mesa. Todos no restaurante fazem igual. As conversas podem ser frente a frente, mas a presença desse equipamento é universal. Em cada smartphone está um mundo de contatos — números de telefone, endereços de e-mail, perfis de redes sociais. Cada dispositivo irá conectá-lo aos nós das pessoas à mesa com suas redes de amigos e associados, on-line ou não. Pode haver apenas duas pessoas sentadas à mesa, mas existem 33 *milhões de pessoas na sua rede de contatos*.

Quando Chris Anderson e June Cohen abriram a rede social on-line da TED e expandiram sua comunidade a milhões de pessoas, estavam usando como base um conceito chamado Lei de Reed. A lei criada pelo "tio" da internet, David Reed, estabelece que a eficácia das grandes redes (e das redes sociais em particular) pode crescer exponencialmente com o tamanho e a importância social dos usuários. Em outras palavras, Reed sugere que cada nova pessoa em uma rede dobra seu valor. Vamos voltar ao restaurante e imaginar que entre você, seu colega de almoço e todos os contatos em ambos os telefones existe uma rede de 25 pessoas. De acordo com a Lei de Reed, o montante de possíveis conexões e subgrupos dentro do seu grupo de 25 pessoas é de espantosos 33 *milhões*. Adicione somente mais cinco pessoas à sua rede e o montante de possíveis conexões dispara em direção ao bilhão. A Lei de Reed explica por que as redes sociais literalmente explodiram em cena, mas, ainda mais importante, mostra o imenso potencial oferecido por elas. Quando cada nova adição a uma rede dobra seu valor, as possibilidades de geração de receitas se multiplicam rapidamente.

Tome como exemplo a primeira aplicação de rede social para pesquisa e desenvolvimento colaborativo incorporando perfis de especialistas já previamente gerados. Com mais de 1,4 milhão de especialistas em biomedicina de mais de 150 países, o site da BioMedExperts abriga atualmente um número aproximado de 12 milhões de conexões de rede preestabelecidas, nenhuma das quais inserida por um ser humano. Cada uma dessas conexões entre pessoas, ideias e áreas de interesse foi gerada automaticamente a partir de mais de 6 milhões de publicações científicas de 6.500 revistas, e os especialistas podem acessar o sistema para revisar e/ou atualizar seus detalhes pessoais, publicações e/ou preferências. Como escreveu um pesquisador biomédico sob o nome de DrugMonkey em um post para seu blog em 23 de junho de 2008: "Obviamente a parte geek* séria é começar com sua própria nuvem de conexões e ver o que ela tem a dizer para você... a base de dados permite uma investigação mais ampla que é onde vem a calhar como uma ferramenta de rede social de trabalho, entre outras coisas". A plataforma aberta também reflete a atividade na vida real da rede de especialistas no mundo todo, mesmo quando as ferramentas sociais lhes permitem conectar no mundo virtual.

Sem dúvida, nem todo especialista convidado a se juntar à rede on-line da BioMedExperts irá participar ou criar um subgrupo dentro da rede maior, assim como nem todo possível subgrupo calculado pela Lei de Reed surgirá e será frutífero. Para cada pessoa que não se junta à rede, o seu valor diminuirá exponencialmente, o que é justo, uma vez que é no valor potencial das conexões que *realmente* se formam que você pretenderá investir seu tempo, energia e recursos. Mas todas as conexões criadas são iguais, ou algumas são mais importantes que outras?

Um estudo conjunto feito por pesquisadores da UCLA e Boardex, em uma plataforma de rede social empresarial, analisou

---

* Geek é uma gíria em inglês que indica pessoas fanáticas por tecnologia, eletrônica, jogos eletrônicos etc. (N.T.)

como o fato de estar bem no centro de uma rede afeta o sucesso financeiro desta companhia. A conclusão é óbvia, mas não pelo motivo que você poderia esperar. Você poderia supor que a razão pela qual a empresa progrediria seria porque todos a reconheceriam como o centro de seu "universo" e ela teria uma maior visibilidade de sua marca, um maior mercado, mais vendas e maiores resultados. O que você talvez não esperasse é que, posicionado no centro, terá na verdade mais informações, e é essa informação que lhe dá poder.

O estudo do centro do universo mostra o que você poderia esperar: as empresas são influenciadas pelas suas conexões sociais. Surpreendentemente, ele também fornece evidência científica para sugerir que estas empresas têm maior poder para explorar sua posição competitiva na rede. Estar no centro significa que sua companhia toma melhores decisões políticas e faz melhores investimentos, vantagens que melhoram seu resultado final.

A ideia de que uma empresa possa ser o centro do universo para seu setor é bastante fascinante, especialmente quando significa ser o eixo das informações para aqueles à sua volta. Ainda mais impressionante é a revelação de que quanto mais uma companhia contrata empregados altamente conectados à rede, maior a chance de que a empresa seja o centro da rede de seu setor. As mudanças dentro de uma companhia ocorrem não só quando um diretor ou um executivo importante é demitido ou contratado, mas também quando desenvolvem novas conexões, assumindo posição em novo conselho de diretores, incorporando-se a novas organizações e usando tecnologia social para ampliar seus relacionamentos. Pessoas conectadas são centros de informações e têm enorme impacto tanto nas atividades internas da empresa quanto na forma como as outras firmas percebem a companhia.

Pense nisso como se você estivesse planejando uma festa: as mais inesquecíveis não são as que têm melhor local ou melhor música. As melhores festas, e as melhores empresas nesse sentido, são aquelas que têm a mais interessante mistura de pessoas.

Mas o que acontece quando pessoas altamente conectadas deixam a rede? O estudo do centro do universo respondeu esta questão observando o impacto que a morte de um tomador de decisão corporativo altamente conectado poderia ter na vida e no desempenho da companhia onde ele trabalhava. Para tal, os pesquisadores da UCLA monitoraram mais de 2 mil empresas e 30 mil executivos-chave no período de 2000 a 2006. Não foi surpresa que o estudo tenha determinado que, quando morrem pessoas altamente conectadas, isso também acontece com as conexões entre suas companhias.

O estudo demonstra que as empresas que influenciam a cultura em volta da comunidade maior de seus negócios estão posicionadas de modo mais central na rede e são, por sua vez, altamente influenciadas pela cultura em torno delas. Estar no centro do eixo dos negócios permite melhores decisões porque as empresas ficam expostas a um maior conjunto de informações do que suas concorrentes menos conectadas. Quanto mais informação pertinente você tiver acesso, melhor será sua tomada de decisão e melhor será a gestão de sua empresa.

Os pesquisadores também descobriram outra razão convincente para estar no centro do universo: a equipe se concentra em diretores que ativamente se posicionam bem no centro de suas redes de negócios, e, como você pode imaginar, encontram fortes evidências que sugerem que quanto mais conectado for o diretor, mais ele será compensado. Afinal, em negócios não vale apenas *o que* você sabe. Tem valor também *quem* você conhece e quão bem você usa esses relacionamentos.

Até agora vimos que as habilidades de uma empresa em trabalhar com redes sociais e a ativa conectividade de seus empregados têm um impacto em tudo, desde os trabalhos internos da diretoria até a influência que acumulam sobre a comunidade maior de negócios. Mas e se você for um preguiçoso bem conectado com forte apelo cultural — alguém que não produz valor real para a empresa, mas que é querido por todos? Você ainda receberia maior compensação do que seus colegas menos conectados? Para investigar isso os pesquisadores Nguyen e Dang levaram a hipótese do centro do universo um passo adiante, observando a elite francesa. Eles descobriram que os CEOs* socialmente bem conectados não apenas têm maior probabilidade de ganhar mais dinheiro como também têm bem menos chance de serem demitidos por baixo desempenho; e, espantosamente, quando são demitidos, têm mais possibilidade do que seus colegas não conectados de encontrar novos (e sólidos) empregos.

NOVAS OPORTUNIDADES EM COMUNICAÇÃO, PRODUÇÃO E DISTRIBUIÇÃO

As redes sociais on-line não são substitutas para as interações frente a frente. Sua força reside em permitir que você reúna as informações sobre a rede que *já* possui. A tecnologia levanta o véu de relacionamentos preexistentes quando conexões ocultas ou perdidas no

---

*   CEO — Chief Executive Officer — Diretor-executivo ou Diretor-geral. (N.T.)

tempo são subitamente reveladas. Ela também permite que você estenda sua rede para pessoas que estão fora de sua rede pessoal, mas com quem você compartilha amigos, colegas e ideias comuns. As redes sociais fornecem as ferramentas para controlar o fluxo de informações entre você e sua rede, e podem ajudá-lo a extrair mais dos seus relacionamentos com outras pessoas. Imagine como a ampliação de sua capacidade de conectar com pessoas e manter relacionamentos poderia criar uma vantagem competitiva e maior desempenho econômico para você e sua empresa.

Como bem me lembrou meu amigo John Perry Barlow, há poucas gerações havia muitas pessoas que trabalhavam no negócio de ferrovias sem perceber que aquilo que faziam na verdade era transporte. Assim, quando surgiu o negócio aeroviário, não tiveram a percepção de entrar nele. Você tem a mesma situação aqui. Nenhum dos atuais vencedores nos negócios irá vencer nos próximos 30 a 40 anos se não tiver a percepção de investir e de tomar as rédeas do poder das redes sociais.

O novo e aberto mundo da socialização permitiu que os negócios fornecessem maiores oportunidades e mais chances de obter sucesso. Para a maioria das empresas as oportunidades tendem a se concentrar nos domínios da comunicação, produção e distribuição. Melhore sua comunicação abrindo os canais tanto dentro da empresa como externamente, e irá melhorar o relacionamento entre você e sua comunidade. Aumente sua capacidade de distribuição extraindo vantagens da natureza geralmente viral da disseminação da mensagem e da tendência natural das comunidades on-line de se aglomerarem em grupos dedicados a um objetivo. Desenvolva novas possibilidades de produção usando tecnologia que permita que sua comunidade preexistente trabalhe entre si em produtos que podem beneficiar diretamente sua empresa. Aprenda a ordem natural do mundo conectado socialmente e então decida como chegar lá e fazê-la funcionar para você e seu negócio.

"O QUE VOCÊ FAZ?", PERGUNTARAM OS AGENTES NA FRONTEIRA DO CANADÁ COM OS EUA ENQUANTO PROCESSAVAM SUA REQUISIÇÃO DE VISTO. DE REPENTE, A EXPATRIADA CANADENSE TARA HUNT SE VIU SENDO PESQUISADA NO GOOGLE. A BEM-HUMORADA REAÇÃO DOS AGENTES DA PATRULHA DE FRONTEIRA ANTE O RESULTADO DA PESQUISA DIZIA

2 // ENTRANDO E COMEÇANDO

tudo: "Você devia colocar em seu currículo que é bastante fácil de encontrá-la no Google!".

A conexão nas redes sociais não é apenas usada por Tara Hunt em seus negócios. Ela *é* o seu negócio. Sua companhia, Citizen Agency, assessora empresas sobre como podem se conectar melhor com a comunidade de seus clientes. Seja por meio das redes sociais existentes, ou da construção de mais ferramentas em websites da marca para envolver pessoas, ou apenas tornando-os mais conscientes do mercado em rápida mutação, Tara guia seus clientes pelo espaço de rede on-line. Ela se tornou especialista neste campo quando começou a utilizar redes sociais como uma ferramenta de estilo de vida pessoal no Canadá e intuiu que seus poderosos mecanismos de retorno poderiam também funcionar a serviço dos negócios. Quando Tara se mudou para São Francisco, poucos anos atrás, não conhecia ninguém. Foi quando começou a usar as redes sociais para fazer amigos, criar comunidades e iniciar um novo negócio.

"Minha estratégia para construir uma rede social é muito simples", ela aconselha. "Apenas saia por aí o máximo que puder e construa pontes. Interaja. Tire fotos com pessoas importantes em seu setor e além. Insira as fotos, insira palavras-chave (*tag*) no blog e participe de grupos de discussão. Faça comentários em *posts* de outras pessoas que são lidos por muitas outras e assine com um link para seu site embutido".

Embora pessoas de marketing especialistas em tecnologia possam achar isso óbvio, Tara também sabia que não poderia se apoiar somente em ferramentas da internet. Uma coisa é a escrita digital: ela permite que você utilize as ferramentas on-line da rede social que ajudam a alcançar uma audiência maior e manter relacionamentos preexistentes. Entretanto, para verdadeiramente ser bem-sucedido no espaço de construção de redes sociais, a escrita digital e as habilidades em relacionamento social precisam andar lado a lado. Se você realmente quer começar a conhecer pessoas na região onde vive e, ainda mais importante, quer que elas conheçam você, é imprescindível que saia e participe de conferências e encontros frente a frente. Tara compreendeu que, apesar de as ferramentas on-line serem de muita importância, ainda não há substituto para os encontros pessoais.

Durante suas incursões nos mundos real e on-line, Tara também descobriu que a maioria das empresas com as quais teve contato não tinha ideia de como se conectar e ampliar suas comunidades e sua base de clientes. Ela percebeu e agarrou uma oportunidade de negócios. Seu uso pessoal das redes sociais estava aos poucos trazendo novos usuários, e agora ela estava em posição de poder propor as mesmas ferramentas como valor adicional aos seus clientes.

A parte inesperada da estratégia de negócios de Tara surgiu mais tarde em sua experimentação com diferentes ferramentas e estratégias usadas em redes sociais: "Eu provavelmente faço *mais* trabalho gratuito agora do que fazia no começo". Embora o conceito de trabalhar sem remuneração possa parecer estranho a princípio, pergunte a qualquer estagiário por que ele se dispõe a fazer isso. Quando está iniciando uma carreira, você está mais do que disposto a trabalhar de graça para provar seu valor antes de embarcar oficialmente. Ou pegue a amostra grátis de produtos — se você experimentar minha barra de chocolate e gostar, o dinheiro gasto dando de presente esta única barra será recompensado com dividendos se você começar a comprar algumas por semana (sem mencionar se seus amigos também tiverem uma queda por doces). No on-line é a mesma situação. Tara percebeu que fazendo trabalhos sem ônus para alguns clientes, haveria um inevitável retorno muito mais valioso do que o investimento inicial das horas não cobradas. Afinal, a melhor maneira de criar conexão significativa e frutífera com potenciais compradores e clientes é prestando favores para eles.

Atualmente, Tara desembarca em palestras pagas por todo o mundo, e desenvolveu uma grande rede de amigos e clientes tanto nacional como internacionalmente. Segundo suas próprias palavras: "Não preciso mais de currículo. Apenas digite meu nome no Google. Esta é uma posição bastante poderosa para se estar quando alguém procura por um bom emprego ou por novos clientes". E os resultados de Tara realmente falam por si, seja no mundo dos negócios, seja na fronteira entre os EUA e o Canadá — vá em frente, pesquise o nome dela no Google!

O QUE É ESSA COISA DE CRIANÇAS?

> Faça negócios como se estivesse jogando um jogo. Divirta-se, conheça as regras e, quando for o momento, faça o seu próprio.
> *Guy Laliberte, Fundador e CEO do Cirque du Soleil.*

Então sua filha está comprando um iglu melhor no Club Penguin e seu filho está mostrando a última música de sua banda no MySpace enquanto você, por sua vez, está inserindo seu currículo na ferramenta de rede de negócios LinkedIn. Ótimo, todos estão on-line e usando redes sociais. Você agora poderia ficar preocupado se o pinguim de sua filha ou o demo de seu filho pudesse de alguma forma aparecer quando alguém fosse olhar o seu histórico de empregos e as referências de seus colegas? A resposta simples é não; realmente, não, porque existem diferentes tipos de rede para públicos diferentes e diversos propósitos, e cada um é um microcosmo em si mesmo. Não existe uma solução "única para todos os gostos" em redes sociais, e cada rede é criada considerando diferentes usos e usuários. A compreensão básica das diferenças entre as redes é fundamental para fazer o melhor uso das ferramentas que já estão disponíveis e para encontrar a ferramenta mais adequada às suas necessidades e às necessidades do seu negócio. Assim, a seguir apresentamos um resumo das maiores redes sociais atuais, com as principais que você deveria prestar atenção.

MySpace
www.myspace.com
Fundação: 2003
Público principal: músicos, adolescentes, cultura em geral
É muito utilizado para promover produtos para o mercado de massa, música, moda e celebridades; construir comunidades entre o público jovem; descobrir e verificar tendências

Entrando e começando //

É chamado de a maior força contestadora da cultura do hit pop desde a MTV e a maior área de estacionamento de shopping center, casa de espetáculos e lanchonete de *fast-food* já criado. Autodenominado como "um lugar para amigos", o MySpace (de propriedade de Rupert Murdoch) é composto por músicos independentes e seus fãs, muitos dos quais se voltaram para a rede por causa das incríveis ferramentas para a música disponíveis no site e da esperança de serem descobertos. Os adolescentes também se cadastraram em massa, assim como muitos usuários, em geral da internet, buscando uma forma de se conectar e manter amigos. Enquanto a capacidade de carregar e permitir o fluxo de músicas é uma das suas principais ferramentas, outras características importantes do MySpace incluem perfis personalizados, blogs, painéis de mensagens e classificados. Embora o MySpace tenha sido um dia conhecido como o gigante das redes sociais, um novo rival aparece silenciosamente vindo de trás para ultrapassá-lo em tamanho, escala e influência.

Facebook
www.facebook.com
Número de usuários: 350 milhões*
Visitantes mensais únicos: 430 milhões em todo o mundo
Visitantes diários: 128 milhões
Taxa de crescimento: variação de ano para ano: 137%
Fundação: 2004
Público principal: usuários em geral da internet, público internacional, usuários na faixa etária 25-34 e mais de 35 anos

---

*   Todas as estatísticas de redes sociais foram fornecidas pela Comscore com base na variação ano a ano de outubro 2008 a outubro de 2009, com agradecimentos especiais para Tania Yuki por seu apoio em partilhar estes números com nossos leitores. (N.T.)

// 33 milhões de pessoas na sua rede de contatos

É muito utilizado para construir e manter sua rede pessoal e profissional; promover produtos para o mercado de massa, música, celebridades e políticos; construir comunidades entre público mais velho; descobrir e verificar tendências

O Facebook foi lançado em 2004 como uma rede social fechada, exclusivamente para estudantes da Universidade de Harvard. A rede se tornou um sucesso imediato, já no primeiro mês, atingindo metade da comunidade de estudantes ainda não graduados. Durante os dois anos seguintes, o Facebook se expandiu incluindo outras universidades, colégios e redes corporativas, antes de, finalmente, se abrir para o mundo em geral (desde que este mundo tivesse mais de 13 anos de idade e um e-mail válido). Hoje o Facebook é o site de rede social número 1, alardeando mais de 350 milhões de usuários e crescendo a uma taxa sem precedentes de 600 mil novos usuários por dia, com 70% deste crescimento se concentrando fora dos Estados Unidos. Uma ferramenta-chave do site é o perfil "mural" que permite aos usuários postarem mensagens e comentários nas atividades uns dos outros. O Facebook também disponibiliza ferramentas para atualizar seu status pessoal (isto é, postar uma ou duas frases de atualização sobre o que você está fazendo); inserir fotos, vídeos, notas e links; postar gratuitamente eventos, anúncios de classificados e páginas de produtos; e interagir com amigos por meio de aplicativos especiais (APIs). Em 2009, a empresa concentrou-se em tornar o Facebook o centro social da web, estendendo sua funcionalidade para fora do Facebook. Sessenta milhões de usuários utilizam o "Facebook Connect" para usar suas credenciais no Facebook e se logar em qualquer site parceiro, enquanto o "Open Social Graph" permite que qualquer pessoa pegue seu próprio site e utilize as APIs para replicar nele muitas das funcionalidades centrais do Facebook. Figuras públicas, empresas, marcas, políticos e organizações sem fins lucrativos utilizam perfis públicos como presença livre e passível de personalização via Facebook.

Entrando e começando //

Twitter

www.twitter.com
Número de usuários: 10 milhões
Visitantes mensais únicos: 58 milhões
Visitantes diários: 5 milhões
Taxa de crescimento: variação de ano para ano: 1.238%
Fundação: 2006
Público principal: usuários em geral da internet com 30 anos ou mais, atletas, políticos, marcas e organizações sem fins lucrativos
É muito utilizado para descobrir e compartilhar informações em tempo real por meio de troca pública de envios de mensagens curtas; expandir e manter sua rede pessoal e profissional; construir comunidades

O Twitter é apresentado como uma rede de informações movimentada por milhões de pessoas em todo o mundo. As atualizações de uma ou duas frases, chamadas *tweets*, são submetidas ao site por meio da web, do Serviço de Mensagens Curtas (*Short Message Service* — SMS), ou de uma crescente seleção de plataformas como consultas via game do tipo XBox. A ferramenta permite que os usuários fiquem "superconectados" entre si e possui seguidores fielmente dedicados, com alguns submetendo dezenas de tweets diariamente. Quando a Oprah começou a twittar em 2009, atraiu uma base de usuários mais convencionais para o Twitter. Algumas corporações, incluindo a Cisco Systems e a Whole Food Markets, utilizam a ferramenta para se conectar com seus clientes de uma maneira mais pessoal, e a Nasa usou o sistema para anunciar a descoberta de gelo em Marte pela sonda Phoenix Mars Lander.

hi5

www.hi5.com
Número de usuários: 100 milhões
Visitantes mensais únicos: 47 milhões

// 33 milhões de pessoas na sua rede de contatos

Visitantes diários: 6,8 milhões
Taxa de crescimento: variação de ano para ano: -18%
Fundação: 2003
Público principal: usuários na faixa etária 15-24; site de entretenimento social global em 65 países na América Latina, Europa, Ásia e África
É muito utilizado para promover produtos para o mercado de massa, games sociais, música, celebridades e construção de comunidades fora dos Estados Unidos

Considerado um dos 20 sites mais visitados na web, e um dos 10 maiores sites da juventude, hi5 é uma das maiores redes sociais do mundo e o principal site focado em game social e entretenimento. O site mistura elementos de socialização e diversão para oferecer aos seus usuários o que a empresa chama de "entretenimento social". Noventa por cento de seus usuários estão fora dos Estados Unidos, e a rede engloba mais de 50 idiomas. É particularmente popular na América Latina, Europa e Ásia (região do Pacífico) e utilizada por pessoas jovens principalmente interessadas em encontrar outros, divertir-se e gastar dinheiro em bens e presentes virtuais. As características do site incluem diários, fotos, grupos e aplicativos. As receitas do hi5 são geradas em parte por meio de microtransações de usuários em torno da moeda e dos bens virtuais, por meio de games baixados, assim como pelo compartilhamento de receitas com terceiros desenvolvedores de aplicativos. Dentre as características do hi5 estão games, bens virtuais e outros conteúdos que são monetizados pela "hi5 Coins", uma moeda virtual global que dá suporte a mais de 60 métodos de pagamento e 30 moedas em todo o mundo. Com 47 milhões de visitantes individuais mensais, 5 milhões dos quais apenas no site Gaming Channel, o hi5 está entre os maiores sites de entretenimento social global.

Orkut
www.orkut.com
Visitantes mensais únicos: 53 milhões

Entrando e começando **//**

Visitantes diários: 17,5 milhões
Taxa de crescimento: variação de ano para ano: 20%
Fundação: 2004
Público principal: usuários em geral da internet, principalmente os localizados no Brasil e na Índia
É muito utilizado para promover produtos para o mercado de massa, música e celebridades para públicos no Brasil e na Índia

"Bad, bad server. No donut for you", diz uma mensagem de erro no Orkut, que se descreve como uma "comunidade on-line projetada para fazer sua vida social mais ativa e estimulante". A abordagem despreocupada do Orkut ecoa na atitude de seu criador, Orkut Büyükkökten, um engenheiro do Google, que, em 2004, lançou a rede nos Estados Unidos, mas logo se viu inundada por usuários do Brasil e da Índia. Atento à mudança de seu público, o Google anunciou que o Orkut seria totalmente gerenciado e operado no Brasil a partir de agosto de 2008. O Orkut demonstra um ponto fundamental na construção de redes sociais na prática: apesar de um site poder ser construído com uma comunidade particular em mente, sua criação não prevê automaticamente o público que irá habitá-lo. As características do Orkut incluem perfis, comunidades e aplicativos, assim como a ferramenta de álbuns (*scrapbook*) que permite aos usuários enviar e receber mensagens e imagens. O propósito do Orkut está focado no gráfico social. Da mesma maneira que os usuários se beneficiam ao receber relevantes resultados em pesquisas, o Orkut tenta entregar resultados relevantes para amigos que não apenas o conheçam, mas com quem você queira se contactar.

Bebo
www.bebo.com
Visitantes mensais únicos: 18 milhões
Visitantes diários: 2,2 milhões

Taxa de crescimento: variação de ano para ano: -31%

Fundação: 2005

Público principal: adolescentes e jovens no Reino Unido, Canadá, Irlanda, Nova Zelândia, Austrália e Polônia

É muito utilizado para promover produtos para o mercado de massa, música e celebridades para públicos fora dos Estados Unidos; construir comunidades entre adolescentes e jovens

A aquisição do Bebo pela AOL em 2008 concretizou seu papel como um dos maiores participantes no mundo das redes sociais, embora desafiando seu crescimento orgânico. A Bebo ainda é uma das maiores redes sociais entre adolescentes e jovens do Reino Unido, da Irlanda e da Nova Zelândia, mas também abriga uma boa quantidade de usuários que vivem nos EUA. Embora originalmente tenha usuários jovens, o site desfruta atualmente de uma demografia mais ampla. O Bebo opera usando uma plataforma de aplicação aberta (*open application platform*), tornando fácil para os programadores criarem e lançarem novos aplicativos no site. A funcionalidade básica do Bebo inclui fortemente a música e ferramentas de autores individuais e grupos. Inicialmente o site experimentou um lento e contínuo crescimento. De 2008 a 2009 o crescimento caiu em 31% apesar do potencial de uma expansão mais ampla se suas ferramentas pudessem ser plenamente exploradas.

LinkedIn

www.linkedin.com

Número de usuários: 55 milhões

Visitantes mensais únicos: 35 milhões

Visitantes diários: 3 milhões

Taxa de crescimento: variação de ano para ano: 214%

Fundação: 2003

Entrando e começando **//**

Público principal: profissionais de empresas e empreendedores representando 150 setores econômicos em todo o mundo

É muito utilizado para expandir e manter sua rede profissional; melhorar seu status de "especialista"; pesquisa de empresas, negócios, recrutamento e recomendações

O LinkedIn é um site de rede social com direcionamento específico, concentrado em experientes profissionais de negócios. Assim, onde outros sites enfatizam interesses pessoais, o LinkedIn destaca as características relacionadas aos negócios em seus perfis, incluindo um detalhado histórico de formação escolar e de trabalho, bem como a capacidade de fornecer e receber recomendações profissionais. Usuários experientes respondem questões profissionais no site via "LinkedIn Answers" para exibir seus conhecimentos profissionais e aumentar seu status de especialista. De acordo com uma mensagem postada por Guy Kawasaki no blog oficial do site, o LinkedIn pode ser usado para "aumentar sua visibilidade; aprimorar sua rede de conexões; incrementar sua página de ranking no Google; melhorar seus resultados no mecanismo de busca; executar a checagem 'reversa' e às escuras das referências das empresas; ampliar a relevância de sua procura por emprego; fazer com que sua entrevista seja mais tranquila; medir a saúde de uma empresa; aferir a saúde de um setor e rastrear empresas iniciantes". Para muitos profissionais de negócios o LinkedIn é a porta de entrada nas redes sociais.

LOGANDO-SE E CONSTRUINDO PONTES

À primeira vista, a grande quantidade de redes sociais on-line disponíveis pode parecer assustadora; mas na realidade não é. Pegue a sua TV, por exemplo, para ver o mesmo conceito funcionando. No alto da pirâmide de estações, você tem as redes — Globo, SBT, Record —

que possuem o maior alcance geral em todos os públicos. No mundo da rede social estes canais equivalem ao MySpace e Facebook. Da mesma forma que a Globo atinge públicos específicos, por meio de determinados programas e horários, os usuários do Facebook são mais bem segmentados usando grupos específicos e aplicativos. Abaixo das redes desse nível superior, você tem os canais a cabo — CNN, HBO e afins —, que têm um tipo similar de público em geral, mas de alguma forma com alcance menor. No on-line se equivaleriam às redes sociais de alcance menos generalizado como Orkut, Bebo e Twitter — redes que têm um público amplo, mas que ainda não atingiram as redes de larga escala situadas acima deles. Na base da pirâmide você tem as redes bastante especializadas, cujo alcance pode não ser espetacular, mas ostentam uma publicidade segmentada dirigida para o público-alvo. Na TV seria o Discovery Channel ou o Cartoon Network. No on-line, equivaleriam a sites como o CafeMom (rede especificamente direcionada para mães), Flixster (site baseado nas preferências de filmes dos usuários), e myChurch (comunidade on-line de cristãos).

Os primeiros adeptos podem estar dizendo que os sites como MySpace e Facebook estão "ultrapassados", mas, na verdade, milhões de pessoas estão apenas começando a descobrir a influência e as oportunidades das redes sociais. Para cada adepto mais antigo, lamentando o fim de seu aplicativo favorito, há dezenas de novos usuários prontos para se cadastrar pela primeira vez. Assim como alguns saudaram o início dos anos 2000 com o fim da MTV — apenas para descobrir que uma mudança de audiência iria impulsionar novamente os programas para o epicentro da cultura pop —, a onda de usuários influentes das redes sociais tem ainda que chegar à crista.

Quando for escolher com qual rede social passará seu tempo, considere seus objetivos, quanto tempo deseja ficar on-line e quanto planeja se envolver com as ferramentas. Você está procurando construir uma nova rede de clientes ou apenas deseja se manter em contato com amigos? Você quer mostrar para sua rede pessoal o que está fazendo diariamente, ou deseja apenas checar uma vez por semana? Baseie sua decisão no nível de envolvimento previsto e parta daí. Lembre-se de que o fato de estar em uma rede social não impede, de jeito nenhum, que se cadastre em outras. Comece com uma rede simples para ganhar um pouco de experiência e então se lembre das palavras de Tara Hunt: "Apenas saia por aí o máximo que puder e construa pontes". Uma vez que tenha decidido seu nível pessoal de compromisso, vá até lá e comece a construir pontes por sua própria conta. À medida que desenvolver sua marca pessoal, você passará a ser a grande ponte que aspira criar.

PRIMEIRO, ELES ERAM AMIGOS DE ESCOLA.
DEPOIS, MONTARAM UMA EMPRESA JUNTOS.
POR FIM, TORNARAM-SE MILIONÁRIOS, GRAÇAS
A UMA PEQUENA AJUDA DOS AMIGOS, ISTO É,
DOS SEUS AMIGOS DO LINKEDIN.

3 // FAZENDO AS REDES SOCIAIS TRABALHAREM PARA VOCÊ

Em 2005, Eric Marcoullier e Todd Sampson fundaram o MyBlogLog, uma ferramenta de rede social que permite aos usuários monitorar os blogs que estiveram lendo e descobrir quem esteve lendo os deles. Scott Rafer, ex-presidente e CEO do popular dispositivo de busca de blog Feedster, estava procurando por uma nova oportunidade na internet baseada no social e, no processo, acabou passando pelas ferramentas do MyBlogLog. Reconhecendo o potencial do que a companhia estava oferecendo, Rafer fez uma busca on-line e localizou o perfil de negócios de Marcoullier, onde descobriu que havia uma afinidade compartilhada.

"Cheguei a eles por meio do LinkedIn, me familiarizei e oito semanas após a primeira pesquisa eu era CEO", lembra Rafer.

Alguns meses depois, o novo CEO do MyBlogLog estava em uma conferência do setor quando foi abordado por um representante do gigante da internet Yahoo!, que manifestou interesse em estender as potencialidades do MyBlogLog para sua base de usuários. Menos de três semanas após essa conferência — e menos de dois anos desde que a companhia iniciou suas atividades — um contrato assinado confirmou a venda da empresa iniciante MyBlogLog para o Yahoo! por mais de 10 milhões de dólares.

Bradley Horowitz, vice-presidente de estratégia de produto do Yahoo!, descreveu uma das principais vantagens da aliança com o MyBlogLog: "Ele fecha o circuito entre leitores e editores. Todo editor quer conhecer seus leitores, e os leitores querem saber mais uns dos outros. É o poder da rede implícita".

Já para o MyBlogLog, a aquisição pelo Yahoo! trouxe muito mais do que apenas ganhos financeiros. Nas palavras de Rafer: "Mais recursos, uma grande marca e mais processamento. Um enorme ganho líquido".

O cofundador do MyBlogLog, Eric Marcouiller, em uma mensagem postada no blog discutindo a recém-aquisição, assinalou a contribuição de Rafer em potencializar o rápido crescimento da companhia: "Devemos muito disso a [Scott], por se tornar tão envolvido com o MyBlogLog e enviar mensagens a nosso respeito, construindo interfaces gráficas com base em nossos serviços, e por dispor de tempo de sua vida bastante ocupada para se conectar com outras pessoas sobre seus sites e blogs favoritos".

A apresentação de Scott Rafer aos fundadores do MyBlogLog facilitada pelo LinkedIn é uma das primeiras grandes histórias para ilustrar como uma rede social foi capaz de empurrar uma empresa para o centro das atenções das aquisições, mas também é uma história que provavelmente irá se repetir à medida que as ferramentas se espalharem e um número cada vez maior de usuários de todos os lugares se cadastrarem. De acordo com Rafer, "sou um grande usuário do LinkedIn porque a maior parte de meu trabalho é fazer conexões. Pesquiso no LinkedIn cerca de uma vez a cada hora de trabalho... a única coisa que pesquiso mais é o Google". Com importantes participantes como Rafer, explorando ativamente as redes sociais, ter uma presença on-line pode significar a diferença entre se tornar grande ou perder o trem.

GERENCIANDO SUA PERSONALIDADE ON-LINE

Então, agora que você tomou conhecimento sobre as diferentes redes sociais e exatamente o que elas podem proporcionar, como dar o primeiro passo e o que pode fazer para se tornar o próximo MyBlogLog?

> Não há valor em colecionar amigos, mas há um forte valor em construir sua rede de contatos... Se o objetivo final é colocar dinheiro no bolso, não colecione amigos, construa uma rede.
> *Lani Anglin-Rosales*

O primeiro passo para ter sucesso no reino das redes sociais é chegar lá e criar uma presença on-line, e isto significa se cadastrar e criar seu perfil. Atualmente, o LinkedIn é a principal plataforma para uma rede de negócios on-line, mas falta nele um toque pessoal. Como assinala o renomado sociólogo Clay Shirky, "Curiosamente, no momento em que a tecnologia se torna maçante, os efeitos sociais ficam interessantes". As possibilidades são de que você deseje torná-las mais atrativas criando um perfil no Facebook para estender seu alcance e ter o melhor dos dois mundos. Você, sem dúvida, ficará surpreso quando fizer o primeiro cadastro e descobrir quantos dos seus amigos e colegas já estão usando uma ou ambas as redes.

Quando for o momento de preencher seu perfil, tenha em mente que, pelo menos de início, é melhor errar por precaução. Você pode temer — com boas razões — que suas personalidades on-line e no mundo físico possam se chocar de maneiras desconhecidas e prejudiciais; as duas devem ser complementares, cada uma reforçando a outra. Aquilo que você não diria na frente de seu chefe ou de sua avó provavelmente não deve estar em seu perfil. Da mesma forma, se existe um artigo ou post de um blog que você queira mostrar para seus colegas, por que não postá-lo dentro de seu perfil? Explore o máximo que puder de outros perfis para entender como as ferramentas estão sendo usadas por pessoas diferentes e para descobrir como você poderá querer usá-los. Não se esqueça de que seu perfil é um trabalho em andamento e não um projeto para ser concluído de uma única vez. Quanto mais tempo passar explorando, mais você se sentirá confortável para adicionar informações e um maior nível de detalhes. Comece de maneira simples e desenvolva à medida que for avançando.

Usando o LinkedIn para manter e expandir sua rede de negócios

O LinkedIn permite que os usuários postem um histórico detalhado de "formação escolar e trabalhos", e nisto é quase similar ao currículo habilitado pela internet. De fato, boa parte das informações de seu currículo pode ser transferida diretamente quando você cria seu perfil pela primeira vez. Uma vez que tenha sido postada sua experiência profissional, aprimore seu perfil adicionando um sumário detalhado do status atual de seu trabalho, listando todos os sites da web que ajudou a criar ou operar, e fornecendo uma lista de seus principais interesses (tendo em mente as palavras-chave que poderiam ser usadas para encontrá-los em uma pesquisa).

As reais vantagens do LinkedIn residem nas características de rede do site. Elas oferecem várias oportunidades não só para manter, mas também para fortalecer e expandir sua rede profissional. Entretanto, lembre-se de que um "contato frio" é visto com maus olhos; assim, você não deve tentar se conectar com estranhos, da mesma forma como não ficaria em pé do lado de fora de um edifício de escritórios distribuindo seu cartão de visitas. Você pode chegar a novas conexões; apenas garanta ter uma razão concreta e pessoas previamente escolhidas antes de contatá-las. O LinkedIn também fornece um ativo quadro de contratações que pode ajudá-lo a encontrar seu próximo grande emprego ou seu próximo excelente empregado.

Você pode aumentar ainda mais sua visibilidade e alcance no LinkedIn examinando e se juntando a grupos relevantes, assim como gastando um pouco de tempo para responder questões em sua área de especialidade ou fazendo suas próprias perguntas. Aumente a credibilidade fornecendo recomendações e pedindo a colegas confiáveis que façam o mesmo por você. Lembre-se de que informação ultrapassada é irrelevante e possivelmente prejudicial; certifique-se de se manter informado sobre o que as pessoas de sua rede estão fazendo e, ao mesmo tempo, de manter suas próprias atividades atualizadas. Um perfil inativo é quase tão relevante quanto o jornal do mês passado, enquanto um perfil mantido ativo garantirá que você e sua rede fiquem informados, além de ter o potencial de abrir as portas para algumas oportunidades que nunca antes haviam surgido.

Graças à sua transparência e sua capacidade de facilitar apresentações personalizadas, uma rede social como o LinkedIn pode ser vista como um enorme banco de dados de sua comunidade, e alguns dos seus membros poderão ser futuros sócios, clientes, fornecedores ou empregados. Redes como essa dão poder às companhias para irem bem além de garimpar possibilidades e talentos ao permitir uma detalhada avaliação de referências cruzadas sobre o histórico de um candidato, seu conjunto de habilidades, ou sua reputação, seja local, nacional ou internacionalmente. Pelos mesmos dados, as mesmas ferramentas que permitem que você vá até lá e procure por novas pessoas também permitem que eles o encontrem.

Tirando o máximo do Facebook

Enquanto o LinkedIn está interessado em saber no que você trabalhou no último ano, o Facebook está mais preocupado em saber aonde você vai esta tarde. Ele tem como foco principal as atividades em andamento, e o redesenho do site coloca na frente — e como aspecto central de seu perfil — as atualizações que podem ser acionadas, por exemplo, como renovar seu status, inserir uma foto ou compartilhar um link.

Quando alguém se cadastra no Facebook pela primeira vez, pode se sentir um pouco confuso pela quantidade de informações refletidas no site. A boa notícia é que, depois de passar por uma breve curva de aprendizado e adaptação, você descobrirá que ele, de fato, simplifica as interações e é uma forma muito mais eficaz de gerenciar sua rede de amigos, colegas e conhecidos.

Usar o Facebook não é tão objetivo e seco como o LinkedIn, e fazê-lo eficazmente exige um pouco mais de sutileza. É importante explorar o máximo que puder de outros perfis para realmente obter uma ideia de como deseja conduzir o seu próprio. A seguir, são apresentadas algumas características fundamentais do site e seus usos recomendados, mas, no final, cabe a você encontrar e criar sua própria e autêntica voz.

Atualizações de status: a atualização de status no Facebook envolve postar uma descrição com uma ou duas frases sobre o que você está disposto ou o que está pensando. Seu nome é o sujeito da atualização e tende a ser seguido por um verbo de ação (por exemplo, Juliette Powell assinou um contrato!). Esses textos de uma linha são a primeira coisa que as pessoas veem em seu perfil e representam uma nova e sem precedentes forma de comunicação. De descrições cotidianas (Pebbles Mayer *está trabalhando a noite toda para cumprir seu prazo de entrega*) a anúncios (Marcelle Lapierre *está de mudança para Nova York!*) e questões (Michael Leatham *está em Montreal hoje à noite. Alguém conhece um bom restaurante?*) ou declarações específicas dentro de setores de atividade (Ginger-Lei *adora a articulação de mídias*), as atualizações de status são tão originais quanto as pessoas que as criaram. Quando criar suas atualizações procure filtrar as partes mais interessantes de sua vida em uma ou duas frases. Quanto mais interessante você for percebido pelos demais, maior será a probabilidade de receber perguntas sobre o que postou, assim como de exercer influência sobre seus amigos e através de sua rede.

Postando itens e partilhando links: o Facebook oferece a possibilidade de inserir e postar fotos, vídeos e notas, além de partilhar links diretamente em seu perfil. Você percorre um bom caminho em direção ao aumento do seu nível de influência ao postar fotos ou vídeos com seus amigos, passando bons momentos em eventos interessantes e bem frequentados. Isso também ocorre com fotos suas com pessoas notáveis bastante conhecidas e celebridades do seu setor de atividade. As notas são uma ótima maneira de publicar informações ou inserções em blogs, e compartilhar links em seu perfil está se tornando uma alternativa amplamente aceita no lugar de enviar por e-mail. Qualquer que seja o tipo de *post*, procure ter certeza de que será algo que possivelmente seus amigos achem interessante e, se receber comentários, responda dando retorno pessoalmente.

O mural: da mesma forma que a atualização do status, representa um novo método de contato, sem precedentes, que está mudando a maneira como nos comunicamos uns com os outros. O mural é a característica mais proeminente de um perfil, e exibe todos os comentários e atividades recentes. As mensagens podem ser postadas por você ou por qualquer pessoa de sua rede. Elas tendem a ser do mesmo comprimento que as atualizações de status e podem ser visualizadas por todos aqueles que possuem acesso ao perfil integral do usuário. Mensagens privadas ou mais longas, em vez de irem para o mural, são comunicadas diretamente ao usuário pelo sistema interno de mensagens do Facebook.

Novas entradas (*news feed*) e minientradas (*mini-feed*): *news feed* e o *mini-feed* do Facebook são as maneiras de monitorar as suas atualizações ou da sua rede. De acordo com o Facebook:

O *news feed* destaca o que está acontecendo em seus círculos sociais no Facebook. Ele atualiza uma lista personalizada de novas histórias durante o dia [...] de modo que você obterá as últimas notícias geradas pela atividade de seus amigos e grupos sociais [...] o *mini-feed* é similar, exceto por se concentrar em torno de uma pessoa. Cada *mini-feed* de uma pessoa mostra o que mudou recentemente em seu perfil e qual conteúdo (notas, fotos etc.) foi adicionado [...] se houver alguma história que não gostar, você poderá remover de seu perfil. *News feed* e *mini-feed* são maneiras diferentes de olhar as novidades de seus amigos, mas não fornecem informações que já não estivessem visíveis. As suas definições de privacidade permanecem as mesmas — as pessoas que antes não conseguiam ver suas informações continuam não podendo vê-las.

Aplicativos: enquanto a maioria dos aplicativos do Facebook é restrita para diversão e tem pouca ou nenhuma relevância, existem alguns incrivelmente úteis que facilitam apresentações e que podem ajudá-lo a fazer melhor uso de sua rede pessoal. Aplicativos como o Gráfico Interativo de Amigos (*Interactive Friends Graph*), Dados Sociais (*Socialistics*) e Seis Graus de Separação (*Six Degrees of Separation*) criam visualizações que mostram todos os seus amigos e como eles estão interconectados. Estes aplicativos estreitam a área de jogo dando destaque a membros que podem ser como você, vivem perto de sua casa, trabalham no mesmo setor ou possuem gostos ou interesse similares aos seus. Todas as pessoas possuem algo em comum com outras; qualquer pequeno grupo de pessoas tomando um cafezinho junto pode ter uma conversa interessante. O truque é usar a tecnologia para maximizar sua capacidade de encontrar pessoas que possam ser úteis em seus interesses e necessidades empresariais. Os aplicativos para você se apresentar no Facebook são ferramentas que dão permissão para as pessoas se aproximarem umas dos outras e para encontrar tipos específicos de interações. Os desenvolvedores de software estão continuamente produzindo aplicativos novos e úteis, e você certamente terá à disposição novas e melhores opções à medida que a rede continuar crescendo em popularidade.

Levando com você: Aplicativos em dispositivos móveis

Hoje você pode usar nas ruas, no aeroporto, no correio — os novos aplicativos de redes sociais para dispositivos móveis significam que você não está mais amarrado ao seu computador para checar as entradas e atualizar sua rede. O Facebook tem aplicativos disponíveis para múltiplos telefones incluindo o BlackBerry e o iPhone, enquanto o LinkedIn tem um aplicativo compatível com o iPhone e um site para celular compatível com o BlackBerry (com plena aplicação atualmente em desenvolvimento). O Facebook app permite que você cheque as atualizações de status de seus amigos e atualize o seu próprio — um recurso útil quando você está em trânsito — assim como permite inserir fotos de celulares, adicionar novos amigos, escrever nos murais e enviar mensagens. O LinkedIn permite que você busque e pesquise perfis, convide novos contatos e receba atualizações sobre a atividade dentro de sua própria rede. Ambas as redes oferecem sites compatíveis com celulares que, por sua vez, fornecem acesso a perfis junto com muitos outros recursos.

A ferramenta de microblog Twitter leva a mobilidade um passo adiante, girando em torno de atualizações de status com base no SMS.

Os usuários do Twitter normalmente usam o site para se conectar em tempo real com pessoas em sua região, e ele tem sido aclamado como uma ferramenta de justiça social por sua capacidade de divulgar notícias de última hora mais rapidamente do que qualquer outro canal. Essencialmente leva as atualizações de status do Facebook para os grupos superconectados um passo adiante. A maioria dos usuários do Twitter fica conectado o dia inteiro.

MANTENDO SUA PRIVACIDADE

Não há melhor maneira de compreender o poder e o potencial para negócios das redes sociais do que vê-las em ação em primeira mão. Entre pela primeira vez e faça um teste. Como usuário, é fascinante observar como o ato de acrescentar um evento em seu calendário pode induzir os outros a fazerem o mesmo. Quanto maior a quantidade de amigos que tiver em sua lista, maior será o número de pessoas que conseguirá monitorar. Quanto mais colegas confirmarem a participação no evento, maior será o número dos que desejarão aderir dentre os que estão observando; o efeito de manada entra em ação.

Imagine usar a tecnologia como o *mini-feed* e *news feed* para monitorar sua comunidade com o propósito de negócios. Qual estratégia você sugeriria se pudesse ver a cada instante o que ou quem dentro de sua comunidade tem efeito imediato — e quem não tem efeito nenhum — em sua base de clientes? E se você pudesse rastrear e analisar as interações dentro do grupo e fortalecer os líderes com influência social? E se você pudesse oferecer valor para sua comunidade de maneira que membros e seus amigos voltassem sempre?

A capacidade de atualizar sua rede em trânsito lhe dá um nível de controle ainda maior e permite que você se mantenha em contato, não importando onde esteja. Da mesma forma que nos acostumamos a primeiro telefonar e depois mandar e-mail para as pessoas enquanto estávamos em trânsito, hoje podemos checar seus status e atualizar os nossos próprios. Você verá isto acontecendo na primeira vez em que escrever no mural de um amigo enquanto espera em uma fila do banco.

Quando se tratar de privacidade, perca um pouco de tempo editando cuidadosamente as definições de cada uma das redes que você utiliza. Talvez você deseje manter seu perfil fechado para qualquer pessoa fora de sua rede, para evitar olhares curiosos. Você também poderá controlar a quantidade de informação visível por pessoas dentro de sua rede, restringindo determinados usuários a verem somente detalhes. Lembre-se de que aquilo que você decidir incluir em seu perfil sempre poderá ser visto por alguma pessoa que faz parte de sua rede. Não use redes sociais para postar algo que queira manter privado; use métodos mais tradicionais quando for comunicar informações sensíveis. Use o bom-senso e lembre-se de que redes sociais são formas de comunicação e, como qualquer método de comunicação, significa manter privadas algumas coisas e tornar públicas outras. O real interesse nas redes sociais não reside naquilo que você deseja ocultar, e sim no que decide exibir.

QUANDO A NINTENDO INTRODUZIU O NOVO CONSOLE DO VIDEOGAME WII EM 2006, ESTAVA BANCANDO UMA NOVA TECNOLOGIA E UMA INTERFACE EXCLUSIVA PARA MUDAR AS TENDÊNCIAS DO TRADICIONAL IDEAL DA INDÚSTRIA DE JOGOS: "MAIS PODER DE PROCESSAMENTO = JOGOS MELHORES". ENQUANTO A NINTENDO ESTAVA

4 // A FORÇA DA CELEBRIDADE VIRTUAL

desafiando o ideal dos jogadores de videogame sobre o que faz com que um sistema valha a pena ser jogado, um estudante de graduação da Universidade de Carnegie Mellon estava utilizando o mesmo sistema para desafiar a noção pública sobre o que torna alguém um especialista.

Johnny Chung Lee, como ele mesmo diz, passa seus dias trabalhando "na criação de técnicas habilitadoras que possam aumentar significativamente a acessibilidade da tecnologia". Em 2007, Lee começou a trabalhar com o popular sistema WII da Nintendo e seu controle remoto, o Wiimote. Ele logo descobriu que o controle de 40 dólares poderia ser alterado e redirecionado para outros propósitos criando dispositivos de baixo custo e de alta tecnologia que poderiam ser feitos em casa e que rivalizariam com concorrentes 100 vezes mais caros.

A cada novo dispositivo criado, Lee carregava seu site na web com os projetos e o software para serem baixados gratuitamente, e postava vídeos em que demonstrava os projetos no site de compartilhamento YouTube. Poucos dias depois de postar os vídeos, já começava a receber respostas com professores usando a lousa de 40 dólares criada por ele e desenvolvedores trabalhando com seu dispositivo de projeção em 3D de 52 dólares.

Levaria menos de um ano para que o canal do YouTube de Lee atraísse mais de 10 milhões de visitantes e perto de 10 mil assinantes. Enquanto sua visibilidade crescia, também aumentava sua credibilidade e seu reconhecimento como especialista. A comunidade de jogos on-line abraçou Lee como um herói coletivo, e começou a monitorar e celebrar cada movimento seu. Os elogios postados pelos usuários do Digg, um site social popular de avaliação de favoritos, onde os vídeos de Lee alcançaram imediata popularidade, mostram o grande respeito que ele estava recebendo on-line:

"Esse cara está rapidamente se tornando uma de minhas pessoas favoritas na web. A disposição dele em compartilhar informação é reanimadora. Um geek verdadeiramente legal".
Lcollado

"Prezada Nintendo: por favor, por favor, contrate Johnny! Ele não seria apenas um tremendo ativo para sua companhia, mas uma incrível aquisição para a indústria dos jogos eletrônicos".
Skaldicpoet9

"Esse cara é de verdade meu novo herói. Todas as suas invenções são fantásticas, e ele parece ser uma pessoa legal e amistosa".
Hoogs

Os vídeos de Lee também atrairiam a atenção dos organizadores da conferência TED, que o convidaram para demonstrar seus dispositivos Wiimote no evento de 2008. Um vídeo postado algumas semanas mais tarde no website da TED mostra um ansioso Lee humildemente agradecendo à audiência depois de sua demonstração ter recebido uma ovação em pé. Menos de um ano após haver postado no YouTube seu primeiro vídeo com as invenções usando o Wiimote, a demonstração do estudante de graduação, que se transformou em um superastro da internet, cresceu para se tornar um dos dez mais procurados arquivos da TED on-line.

FAMA E INFLUÊNCIA NA INTERNET

Da mesma forma que Johnny percebeu quando dezenas de blogueiros começaram a apelar a seu favor para o setor de contratações da Nintendo, um número imenso de pessoas está tendo experiências que antes eram estritamente reservadas para celebridades e socialites da elite. É o fenômeno da celebridade virtual, e você descobre que está acontecendo quando pessoas que você nunca viu falam sobre você como se o conhecessem pessoalmente. Como você chega até esta posição e o que faz quando estiver lá?

Não é o poder da marca. É o poder da informação!

Ao postar explicações sobre seu trabalho na web em geral, Johnny Lee eliminou o intermediário e mostrou pessoalmente seu trabalho para o público. E, em especial, Lee estava seguindo uma das regras tácitas da internet: a informação vale mais quando é livre. Em um mundo onde os múltiplos recursos de referências cruzadas são tão simples como fazer uma pesquisa na internet, as pessoas estão cada vez menos dispostas a pagar pela informação, não importando o quão difícil ou especializada seja sua obtenção. A ascensão de Lee para celebridade virtual foi construída sobre esse conceito — ele não apenas postou demonstrações gratuitas de seu trabalho em vídeo como também forneceu os projetos e softwares necessários para a execução.

Se alguma vez tentou mostrar para uma criança como montar algo e recebeu como resposta "Não, deixe que eu faço", você experimentou em primeira mão o fascínio que é resolver um problema sozinho. Uma coisa é ter alguém que lhe entrega um produto acabado; outra, completamente diferente, é você fazer por si próprio. Os vídeos de Lee utilizaram este conceito, oferecendo recursos para que seu público pudesse sozinho executar e aperfeiçoar suas ideias. Quando as pessoas são expostas a ideias novas e têm a chance de possuí-las e partilhá-las, ocorre um efeito de propagação porque elas descobrem algo com valor real. As pessoas que experimentam uma sensação de posse ficam incrivelmente dispostas a sair e divulgar, mesmo que a ideia original não tenha sido delas.

Ninguém entende melhor este conceito do que meu amigo Jimmy Wales, outra celebridade virtual da internet e fundador da Wikipédia, enciclopédia on-line produzida em conjunto. Lançada em 2001 como um banco de dados de informações revisadas em sistema de colaboração, a Wikipédia desenvolveu desde então um grupo de fiéis seguidores formados por divulgadores que se autosselecionaram.

Carismático e enérgico, o fundador do site, Jimmy Wales, ainda ostenta a mesma barba, sua marca registrada e que chama a atenção para seus penetrantes olhos cinza-azulados. Sempre com riso fácil, charmoso e bem versado na arte de frases de efeito, Jimmy se tornou um herói para o homem comum e uma celebridade virtual em si mesmo. Você poderia esperar que um homem solicitado para fazer palestras em todo o planeta e que tem aparecido em incontáveis capas de revistas e em inúmeras reportagens iria aproveitar todas as suas viagens paradas para destacar sua última empresa, a Wikia, um serviço de hospedagem livre na web para wikis, permitindo que qualquer pessoa contribua ou modifique o conteúdo criado por comunidades on-line ou não. Mas, em vez disso, Jimmy optou por uma atitude humilde e sem espalhafato e prefere trabalhar em uma sóbria sala com outras oito pessoas em um prédio de escritórios perdido no meio de Nova York, concentrando-se no trabalho que tem à mão. Mas não se engane pelo ambiente simples que o cerca — Jimmy sabe o valor exato de ser uma celebridade virtual quando se trata de expandir sua nova empresa.

"Graças à atenção que recebo, temos a possibilidade de atrair pessoas incríveis. Não é que queiram trabalhar comigo; é que eles sabem que outras pessoas incríveis virão a bordo e querem trabalhar uns com os outros. Eu sou apenas uma espécie de polo que os atrai para a empresa". Essa vantagem de ser celebridade virtual se entrelaça com o de ser centro do universo de seu setor — estar no centro do fluxo de informações lhe dá uma vantagem competitiva.

Outro fator de impacto nos negócios de ser uma celebridade virtual é que quanto mais respeitado e visível você for, mais seus projetos atrairão automaticamente a curiosidade da imprensa e dos fãs. Essa percepção significa que, quando pessoas como Jimmy falam sobre novos desenvolvimentos, sempre haverá uma plateia disposta a ouvi-los. Como ele diz: "As pessoas acreditam porque conhecem meu trabalho e minha marca pessoal. Nós realmente precisaremos de uma grande união para formar uma comunidade, e a construiremos da maneira correta e iremos conseguir. As pessoas sabem que eu posso fazer. Não se trata apenas de competência técnica da equipe ou competência social da comunidade, que são excelentes. É que nós também conseguimos chamar a atenção, e isto é algo que você precisa para atrair uma grande comunidade. Não se pode ter uma comunidade sem pessoas".

Com toda esta atenção obtida quase da noite para o dia, as celebridades virtuais passam a ter sua voz respeitada pelo público, algo a que poucos alguma vez tiveram acesso. Tome como exemplo a recente conferência de que Jimmy participou na Tailândia, onde teve a oportunidade de falar contra a censura à internet naquele país. Na manhã seguinte viu sua reivindicação estampada nas primeiras páginas de todos os jornais tailandeses. Ele lembra: "Pessoas escreveram para mim dizendo 'Muito obrigado! É fantástico que alguém venha e fale contra isso'". "Uau! Se tivesse falado isto há dez anos ninguém teria se incomodado. Portanto, isto é importante — posso realmente falar as coisas com as quais me importo e existe uma audiência que presta atenção. Certamente, isso é uma grande responsabilidade. Você tem que medir bem as palavras, porque pode, de fato, ferir as pessoas".

Então, como você lida responsavelmente com esses poderes recém-adquiridos?

Lembre-se de sempre fiscalizar o seu ego e focar em seus objetivos.

Como diz Jimmy:

"Há outro equívoco sobre isto — se alguém quiser saber minha opinião sobre liberdade de expressão e produtos gerados por conhecimento compartilhado, será perfeitamente válido porque se trata de algo que conheço e está em minha área de especialização. Se alguém quiser saber minha opinião sobre o que poderia acontecer no conflito entre Israel e a Palestina, será totalmente ridículo. Evito tratar de determinados assuntos. Simplesmente não falo sobre eles em público. A razão principal é que não têm nada a ver com meu trabalho. São irrelevantes para o que eu faço. Seria terrível se as pessoas se afastassem de meu trabalho porque não concordam com minha opinião sobre algo. A liberdade de expressão é parte do meu trabalho. Faz parte de quem eu sou e do que eu faço. É parte da mensagem que quero trazer ao mundo, naquilo em que a liberdade de expressão é importante para que se possa compartilhar conhecimento e para tudo aquilo com o qual me preocupo, enquanto assuntos como McCain *versus* Obama não têm nada a ver com meu trabalho (logo, não há razão para me envolver publicamente e dizer os motivos por que gosto ou não de determinados políticos)".

OS NOVOS CARAS MANEIROS

Relembre seu tempo de colégio e dos colegas mais legais de sua classe. Lembra como os caras populares pareciam ter todo o poder? E de como eles estabeleciam o estilo para toda a escola? Se a Jenny aparecia usando roupa de ginástica e suspensórios, não importava o quão ridículo ela estava — bastava sua credibilidade para estabelecer a tendência. O mesmo conceito de influência social continua valendo hoje, como Johnny Lee e Jimmy Wales teriam todo o prazer de lhe contar. Claro que você não precisa ser um fenômeno na internet para ter credibilidade e influência em sua rede mais próxima de amigos e colegas.

Os influenciadores sociais — outra versão da celebridade virtual — parecem ser incansáveis em cena. Eles têm consciência de quem são e tendem a ser muito divertidos. Estão cheios de paixão pelo que fazem, se preocupam com os outros e realmente trabalham para ajudar as pessoas a seguirem adiante. Por essas razões altruísticas são vistos como genuínos e tendem a possuir um alto cacife. Enquanto os caras maneiros do colégio exercem pressão e intimidação sobre os outros para ajudar a conquistar seu caminho, os influenciadores sociais on-line demonstram sua influência de uma maneira bem mais genuína. A mensagem que enviam ao seu grupo social, sem nunca ter que dizer de forma muito explícita, reside em suas fotos com amigos se divertindo em eventos exclusivos. As redes sociais simplesmente fornecem a janela através da qual se pode ver o que os influenciadores são capazes de fazer em seu círculo social.

Ao se colocar na posição de celebridade virtual dentro de sua própria rede, você aumenta sua influência de maneiras facilmente visíveis. Você a verá quando confirmar sua ida a um evento (RSVP) no Facebook e imediatamente descobrir que outros amigos seus fizeram o mesmo. Você a verá quando postar uma foto e seus amigos escreverem comentários sobre ela. Você a verá quando as atualizações de status de seus amigos imitarem ou comentarem as suas. Se, com o tempo, permanecer desta forma, você se verá pouco a pouco se movendo em direção ao centro de seu universo e em uma posição no centro do fluxo de informações. Como já vimos antes, informação é poder — e atualmente as redes sociais estão dando muito deste poder para os influenciadores e as celebridades virtuais.

VOCÊ ENTENDERIA QUE, COMO FILHO DE PROPRIETÁRIOS DE UMA PEQUENA LOJA DE VINHOS EM NEW JERSEY, GARY VAYNERCHUK TERIA COMEÇADO A EXPERIMENTAR VINHOS EM IDADE PRECOCE, AO MENOS PARA COMPREENDER MELHOR A SUTIL DISTINÇÃO ENTRE OS VINHEDOS. ENTRETANTO, OS PAIS DE GARY

5 // A NECESSIDADE DE SER AUTÊNTICO

não viam dessa maneira. Eles insistiram para que evitasse beber até atingir a maioridade. Assim, ao contrário do que poderíamos imaginar, Gary aprendeu sobre os negócios da família de baixo para cima — literalmente. No jardim de infância, Gary educou seu paladar discernindo as nuances em seu amado vinho, experimentando os verdadeiros elementos que dão aos vinhos suas qualidades únicas: poeira, grama e pedras.

Desde o começo, Gary viu as coisas de maneira um pouco diferente da dos tradicionais conhecedores de vinhos e logo percebeu que poderia usar esta diferença para ficar acima da multidão. Em vez de tentar se enquadrar no mundo geralmente elitista da indústria do vinho, Gary decidiu procurar seu próprio nicho. Ele percebeu, desde o início, que não era o único amante de vinho pragmático andando por aí. Seus clientes sempre vinham procurá-lo em busca de recomendações e apreciavam sua abordagem "realista", mas ele se sentia pressionado para descobrir como sua autenticidade poderia ajudar na expansão dos negócios de sua família. Um dia, Gary decidiu que poderia atrair mais pessoas para a loja se começasse um pequeno clube de vinho nos fins de tarde; um clube onde os clientes pudessem aparecer, experimentar a última remessa de vinhos e falar de esportes após o trabalho. Sem dúvida, sua ideia floresceu e, à medida que o tempo foi passando, um número cada vez maior de pessoas começou a participar, até que a pequena loja de seus pais simplesmente não pôde mais acomodar a demanda. Como sempre tinha muitas ideias, Gary pegou sua pequena câmera de vídeo, colocou em sua mesa de trabalho e começou um vídeo blog ao vivo (vlog). Em um curto espaço de tempo, o grande número de fãs de Gary começou a assistir suas recomendações semanais e comprar vinho por meio de seu website.

Gary alavancou sua posição no centro de seu universo e elevou o status para o de celebridade virtual. Ele percebeu que a melhor maneira de alcançar um crescente número de amigos, clientes e conhecidos seria criar uma plataforma de comunidade onde pudesse estar no centro do fluxo de informações. No entanto, em sua busca para ganhar maior alcance e uma melhor posição de influência, recusou-se a comprometer quem ele era. Com internet ou sem internet, Gary tinha o compromisso de manter sua abordagem informal, brincalhona e irreverente em relação ao vinho. Ele apenas precisava das ferramentas sociais corretas para amplificar isso na cultura.

"Não fiz blog de 2001 a 2004 porque não consigo escrever", lembra Gary. "Fiquei longe disso como da peste negra, embora soubesse que a próxima onda de celebridades viria dali. Eu me conheço e sabia que não ficaria firme e não conseguiria executar. Mas, assim que surgiu a câmera, senti que havia chegado o meu momento, porque poderia vencer no mundo visual! Eu me conhecia e até que pudesse ser verdadeiro comigo mesmo me mantive afastado. Conheça a si e persevere em seus pontos fortes".

Desde cedo Gary decidiu fazer a coisa certa, não importando com o quê. Se ele era o homem que desejava ser, teria que tomar uma posição. Afinal, estava vestindo agora duas camisas: administrava uma empresa de varejo e, ao mesmo tempo, avaliava os produtos que a companhia vendia. Para evitar um claro conflito de interesses, era imperativo ser íntegro e honesto. Quando avaliava um vinho de que não gostava, ganhava pontos ao dizê-lo, mesmo quando este era muito bem vendido e sua loja Wine Library acabara de estocar muitas caixas. A linha que percorreu foi um longo caminho até se estabelecer como fonte confiável. Lá estava alguém que podia falar sobre esportes e vinho com quem realmente entendia. Quando dava sua opinião sobre ambos, você simplesmente sabia que ele a emitia sem tergiversar.

"Fazer a coisa certa é fundamental quando você está construindo uma marca", insiste Gary. "Se você quer mudar sua vida e não pretende entrar em um emprego das 9h às 17h, comece com um videoblog sobre seu hobby. Mesmo que seu hobby seja assistir à TV, fale apenas sobre TV. Não seria fácil você se filmar com uma câmera manual comentando os programas de TV? Se você realmente estiver comprometido em mudar sua vida, fale sobre as coisas que gosta para ajudá-lo nos momentos em que estiver exausto e com vontade de desistir".

TRAZENDO SUA IDENTIDADE ON-LINE: A ESTRATÉGIA VENCEDORA DE GARY

Fiel às suas crenças, Gary começou a incansavelmente construir o patrimônio de sua marca. Primeiro, estabeleceu para si uma meta ambiciosa: queria criar uma marca tão forte que lhe permitisse o luxo financeiro de comprar um time esportivo completo, com jato privativo para transportar a equipe de cidade a cidade. Agora, quem no mundo poderia imaginar que um cara desconhecido de New Jersey conseguiria realmente realizar um objetivo tão elevado e imponente com um pequeno videoblog? Gary fez e, para todos os efeitos, isso é o que realmente importa. Com sua meta grandiosa em mente, Gary estava apostando no sucesso, e tinha uma estratégia. Ele se concentrou em construir sua marca pessoal para ajudar a expandir seu negócio.

> Ideias são matérias-primas. Pegue-as! Use-as! As ideias são os núcleos onde as conversas e as colaborações se formam.
> *June Cohen, Conferência TED.*

Gary se trancou em uma sala nos fundos de sua loja todos os dias para gravar videosblogs diários com duração de 20 minutos sobre sua mais recente escolha de vinho — e isso foi apenas o começo. As próximas oito a nove horas de seu dia eram gastas inserindo seu último clip em sites de compartilhamento de vídeos e redes sociais, procurando escolher títulos divertidos e etiquetas (*tags*) que atraíssem a atenção e tivessem maior probabilidade de serem encontrados em dispositivos de busca como o Google. Gary raciocinava que pessoas diferentes eram atraídas por palavras-chave diferentes e que, se ele pudesse pensar múltiplas formas de descrever o conteúdo de seus vídeos, mais pessoas poderiam encontrá-lo em um dispositivo de busca. Os profissionais de marketing iriam chamar essa otimização do dispositivo de busca de SEO (*Search Engine Optimization*). Para Gary era somente uma questão de bom-senso.

Determinado a ter sucesso, Gary sabia que se o conteúdo é Rei, a distribuição é Rainha, e o marketing, junto com o desenvolvimento do negócio, são os Ases na manga. Assim, a cada dia, diligentemente participava em fóruns on-line cujo assunto era vinho e fazia comentários sobre vinho em blogs populares de outras pessoas, sempre assinando com seu endereço do website embutido para que outros pudessem ir atrás para encontrar seu videoblog. "As marcas gastam 40 mil dólares por anúncio para se promover. Com a mídia social, as ferramentas são gratuitas. O preço real de suas etiquetas é o tempo".

Com um programa diário e respostas personalizadas para cada um dos comentários de seus fãs, 80% do tempo de Gary era gasto promovendo sua marca, em meios on-line ou não. "Ir atrás de seus fãs, assim como de seus críticos, consome muito tempo, mas é extremamente eficaz. Levar em consideração o que as pessoas dizem sobre você é mais importante do que ler seus elogios, mas leia também os retornos positivos. Você precisa desses elogios como um motor para seu sucesso".

Com menos tempo sobrando para se concentrar em seu verdadeiro trabalho, Gary acabou delegando as obrigações nos negócios da família para uma equipe em tempo integral. Estava decidido; iria se focar em espalhar sua marca por meio da construção de uma comunidade. Para este efeito sabia que precisava de um gancho; algo que as pessoas desejassem e que ele pudesse introduzir em seu programa. Ele precisava de uma espécie de moeda social. Um ávido fã de esportes e de *Guerra nas estrelas*, Gary cresceu colecionando pequenos objetos, trocando-os febrilmente com seus amigos para juntar os favoritos. Ele sabia o valor de suvenires baratos e objetos de coleção como moeda social. Tudo isso veio à sua mente para pensar o que poderia chamar a atenção de sua atual audiência. Ele se voltou para os esportes e percebeu que o uso de pulseiras coloridas estava voltando a ser um hábito popular. Sem hesitar, enviou uma ordem de compra de mil pulseiras gravadas com o nome Wine Library e começou a usá-las no programa. A primeira pulseira era preta. A segunda e a terceira eram marrons e, depois, foi introduzida uma pulseira amarela. No início, as pessoas escreviam perguntando se elas estavam à venda. "De jeito nenhum!", era a resposta de Gary, para logo em seguida dizer, "mas me mande seus dados para que eu possa enviar algumas para você e seus amigos". E, da mesma forma que seus adorados cards de baseball, ele criou o novo acessório essencial em torno da marca Wine Library. Espantosamente, essas pulseiras funcionaram. Os fãs as usariam com orgulho, e possuir todos os estilos e cores diferentes significava estar "enturmado" com outros amantes de vinhos.

A marca pessoal de Gary cresceu em proporções astronômicas quando se tornou uma celebridade virtual; e começaram a surgir compromissos para palestras. Não tinha se passado muito tempo desde que começara a afetar a cultura ao seu redor. A primeira reportagem importante sobre ele foi na revista *New Yorker*, que, depois, levou a um artigo na revista *Time*, assim como uma aparição no programa *Late Night com Conan O'Brien*. Gary ainda estava comendo poeira e falando de esportes, mas agora fazia isso com Ellen DeGeneres diante de milhões de fãs que o assistiam em todo o mundo. Como toda essa atenção afetou seu pequeno videoblog? Agora, em qualquer dia, a TV Winelibrary (http://tv.winelibrary.com) tem cerca de 80 mil espectadores, e a audiência está crescendo rapidamente.

"O encontro com sua comunidade desencadeia um apego emocional", ele diz. E esta compreensão de como as iniciativas de construção de marca on-line precisam de reforço por meio de contatos frente a frente contribuiu no estabelecimento da marca de Gary Vaynerchuk. Pergunte a qualquer guru de mídia social quem "chegou lá" em termos de uso com sucesso da rede social para fazer negócios e ele lhe direcionará para Gary. Ele se tornou um exemplo da demonstração de autenticidade durante a construção da confiança em sua marca pessoal e empresarial, e ainda se estabeleceu como um perito social para as companhias da revista *Fortune 500*.

A mensagem de Gary ecoa em cada novo videoblog que libera e em cada aparição pessoal: "Se quiser mudar sua vida use os dons com os quais você nasceu e se posicione para usar suas habilidades. Graças ao meu DNA entendo o que as pessoas estão pensando e como irão reagir, e uso isso. Também sou muito bom em articular meus pensamentos e com o uso de analogias. Mas este sou eu. Olhe para quem você é, aceite e amplifique".

Você poderia então perguntar sobre a parte financeira da equação: como Gary está ganhando dinheiro?

"A marca tem um enorme valor! Se você for uma marca, porque está gerando um grande conteúdo e está construindo uma percepção desta marca, encontrará o dinheiro e o dinheiro o encontrará".

O caso em questão: hoje as vendas de vinho em todo o país flutuam baseadas no que Gary diz, à medida que os apreciadores de vinho assistem incansavelmente aos seus vídeos diários.

Ainda mais impressionante é o fato de que a marca pessoal autêntica de Gary, sua astuta habilidade com redes sociais e seus truques para apreciação dos vinhos levaram os negócios da família de receitas anuais de 4 milhões para 45 milhões de dólares. A empresa teve um crescimento de 22% em cada um dos últimos dois anos, e Gary insiste que de metade a dois terços desse crescimento podem ser diretamente atribuídos ao sucesso da TV Winelibrary. Que a verdade seja dita: a TV Winelibrary não teria tido qualquer impacto sem os incansáveis esforços de Gary na construção de uma comunidade. Quanto à fortuna pessoal de Gary, entre seus compromissos, pelos quais é pago para falar, e os seus shows em consultoria empresarial, ele está indo bem no caminho de concretizar o seu objetivo final de ser proprietário de um time em algum esporte.

Então, como isto acontece para nós, simples mortais? Antes de tudo, ele não fez sozinho. Entre o boca a boca gerado pela sua crescente base de fãs e sua habilidade em se cercar de outras pessoas bastante conhecidas, Gary maximizou sua visibilidade em cada passo do caminho. Até os convidados em seus programas são considerados celebridades virtuais em si mesmos. Por exemplo, pegue o episódio #499, no qual ele fala sobre investimento em vinhos com o mundialmente famoso comentarista, empreendedor e autor do mercado financeiro na TV e na internet, Jim Cramer. Ponha junto essas duas pessoas com alta energia para falar sobre vinho e dinheiro, e você saberá que a sua combinação fará com que a audiência cresça explosivamente como a experiência de misturar a bala Mentos em uma garrafa de refrigerante.

Chamado de "o mais entusiasmado programa de vinho da internet encontra o mais entusiasmado homem da TV", provocou mais de 270 comentários sobre o episódio no website de Gary nas primeiras horas após ter sido postado. Os fãs estavam exultantes: "Duas de minhas personalidades preferidas conversando sobre dois de meus assuntos preferidos", escreveu Jim, de Atlanta. "Agora este é provavelmente meu episódio favorito do WLTV. Você vê que o vinho não é apenas para degustar. É também para ganhar dinheiro", acrescentou o usuário *indieking*; enquanto Winelynn ficou entusiasmada: "Grande programa! Foi divertido assistir a ambos, e Jim C. foi ótimo como convidado. Obrigado por duplicar os aplausos neste episódio". De fato, duplicar os aplausos em um envolvente programa on-line com duas celebridades virtuais que causam tanto entusiasmo apenas combina a diversão com os fãs!

Com slogans que fortalecem seus convidados como: "Porque eles gostando ou não, vocês, com pequena participação minha, estão mudando o mundo do vinho!" ao trazer personalidades estabelecidas para expandir seu alcance e experiência, Gary estabeleceu as bases para seu sucesso e, efetivamente, se colocou no centro da ação. Como uma injeção de adrenalina no braço da própria indústria vinícola que ele quer mudar, o enorme impulso do status de Gary como celebridade virtual o projetou, além de suas redes sociais e profissionais estabelecidas, para dentro da cultura em geral.

SEJA VERDADEIRO CONSIGO MESMO

O sucesso de Gary Vaynerchuk se baseia em vários fatores, não sendo menos importante entre eles a profundidade da sua capacidade e seu talento em compartilhar sua paixão com o público. Isso posto, o aspecto no qual Gary realmente se sobressai — e que com a mesma facilidade poderia tê-lo feito fracassar — é a autenticidade com a qual se comunica. Gary escolheu um tópico que conhecia intimamente, e pôde demonstrar com sinceridade sua paixão. Se tivesse sido menos genuíno, seus clientes teriam percebido sua falta de autenticidade e procurariam outra fonte de informação mais confiável.

Da mesma maneira que os adolescentes zombam da ideia de bandas que "se vendem" aos caprichos das grandes gravadoras, os usuários experientes da internet conseguem enxergar as estratégias de promoção das empresas. O tamanho e a amplitude da web significa também que não haverá falta de lugar para ir, se decidirem abandonar algo. Lembre-se de que, uma vez perdida, a confiança pode nunca mais ser totalmente recuperada.

Quando estiver procurando começar seu próprio blog, vlog ou website, não escolha um assunto que você apenas conheça, mas um com o qual você realmente se importe. A paixão pessoal é contagiosa, e os usuários irão apreciar e refletir seu próprio entusiasmo. Se você fizer com patrocínio ou apoio de empresas, certifique-se de que eles se alinhem com seus ideais e com os de seu site. Nas palavras de Gary Vaynerchuk, "Olhe para quem você é, aceite e amplifique". Seja genuíno e persevere em seus pontos fortes — seu público saberá se você não o fizer.

SARAH LACY É O TIPO DE REPÓRTER CUJAS MATÉRIAS SÃO DESTAQUE NA CAPA DA *BUSINESSWEEK*. BEM INFORMADA, EFICIENTE E DIRETA, SARAH, TAMBÉM CHAMADA DE "A GAROTA DO VALE DO SILÍCIO", FOI DESIGNADA PARA ENTREVISTAR MARK ZUCKERBERG, DE 23 ANOS, FUNDADOR E CEO DO FACEBOOK

6 // O CICLO DO RETORNO

e um dos personagens de seu livro *Once you're lucky, twice you're good: the rebirth of Silicon Valley and the rise of web 2.0* [Uma vez que tenha sorte, você será bom em dobro: o renascimento do Vale do Silício e o surgimento da web 2.0]. Seus dez anos como jornalista de tecnologia e negócios, e o fato de seu manuscrito mostrar os bastidores, fizeram com que naturalmente fosse indicada para a importante entrevista no Festival South by Southwest Interactive (SXSWi). Apesar de tudo, Lacy estava prestes a aprender uma dura lição por se colocar diante dos refletores, e ser analisada e depreciada em um fórum público.

O SXSWi abriga um dos públicos mais especializados em high tech do mundo, e a importante entrevista atraiu cerca de 800 empreendedores da área de tecnologia, variando desde blogueiros e programadores até os supergeeks e criadores digitais que estão na vanguarda das mudanças tecnológicas. Assim, quando Mark Zuckerberg, passados 50 minutos da entrevista de uma hora e claramente irritado por um comentário implacável de Lacy e pela revelação de informações internas, inclinou-se e disse: "Estou esperando que você faça uma pergunta!", a audiência respondeu com mais do que apenas uma onda de risos: eles transmitiram centenas de queixas e comentários irritados em tempo real por meio do Twitter. Juntando-se a Zuckerberg, e encorajados pela camaradagem das objeções de suas bases no Twitter, a plateia começou a abertamente, e sem embaraço, questionar Lacy.

Na altura do minuto 55 da entrevista, a situação ficou de mal a pior. O público partiu para o ataque e Lacy respondeu com um atônito "Vocês estão rindo de mim?". Um retumbante riso veio da multidão e um membro da plateia declarou: "Sua entrevista é uma droga!", causando nova agitação na multidão cada vez mais enraivecida. Em uma tentativa final de se safar, Lacy pediu aos participantes para enviarem por e-mail as razões por que achavam que a "entrevista era uma droga". Lacy não se deu conta de que, enquanto proferia essas palavras, centenas de dedos twitteiros já estavam lançando em seu blog todos os comentários em tempo real. Ao final do dia, meia dúzia de vídeos da ácida troca de palavras já tinham sido postados no YouTube e a cada hora centenas de novos tweets e mensagens de blogs estavam sendo exibidos.

O que aconteceu em seguida pegou todo mundo de surpresa.

Apesar da pancadaria pública que ela estava sofrendo, esta funesta — e dolorosa — troca de palavras incentivou as pré-vendas do livro de Lucy naquela semana por um fator de mil. Em uma atualização em seu blog, Lacy observou que estava recebendo "toneladas de e-mails positivos, centenas de tweets e pré-vendas do livro. E também várias notas cordiais de desconhecidos que estavam lá e ficaram envergonhados pelo que havia acontecido".

A história de Lacy é um potente lembrete de que, se suas ações são consideradas "diferentes" ou significativas, você poderá experimentar uma reação poderosamente amplificada tanto para o bem quanto para o mal. "Minha sensação é que quanto mais você for uma pessoa sincera", disse ela, "menos as pessoas irão querer lhe atacar, porque, no final, todo mundo é humano e imperfeito, e a maioria entende e leva em consideração. As redes sociais são as ferramentas para se viver eficientemente como uma 'marca'; elas são mais cruciais para manter a marca do que para construí-la. Para mim, o MySpace, o Facebook e o Twitter são formas inestimáveis de interagir com os leitores e visitantes. Eu realmente tento com afinco escrever uma nota pessoal a todos que me escreveram, mas esses fóruns permitem também que eu me comunique em massa com as pessoas. Com certeza, representa um investimento de meu tempo. O lado ruim de ser uma marca é que quem ganha exposição é VOCÊ, e não seu trabalho — não importando o quanto você tente fazer de outra maneira. É intensamente pessoal. A medida do sucesso é quando as pessoas caminham nessa estreita linha entre amar e intensamente odiar, e é bastante difícil entender e lidar com isso. Não importa o quão ruim fique a situação, você tem que estar lá, tem que ser educada, e cada vez mais tem que ser flexível — mesmo quando falhas e loucuras pessoais o tornem mais obsoleto para muitas pessoas especificamente".

Isto posto, entre escrever artigos bimestrais para o *BusinessWeek* e ser coanfitriã do "Tech Ticker"* do Yahoo, Sarah ainda gasta metade

---

* Notícias dentro do site do Yahoo! (http://finance.yahoo.com/tech-ticker). (N.T.)

de seu tempo promovendo sua marca pessoal de celebridade virtual. Os "hits" diários mais vistos de Sarah na web subiram de poucas centenas para dezenas de milhares de visitantes e, em suas próprias palavras, "Tenho uma vida fantástica. Ganho muito mais dinheiro como jornalista do que algum dia poderia imaginar... nesses menos de dois anos entre ser membro da equipe da *BusinessWeek* e ser autoempregada alavancando o *web 2.0*, minha receita anual mais do que triplicou... Se o preço a pagar por isso é ser atacada por uma multidão algumas vezes por ano, será triste, mas é apenas o preço".

SINCERIDADE E A ORDEM NATURAL DO MUNDO ON-LINE

Embora Sarah Lacy tenha sido capaz de alavancar com sucesso sua crescente visibilidade on-line, apesar da natureza negativa de muitos comentários, este não é sempre o caso. No mundo on-line, a velha máxima de RP*, de que "toda propaganda é boa propaganda", não é de forma nenhuma um adágio universal, como aprendeu em 2005 o website de vendas PriceRitePhoto. Sua saga começou com um pedido de compra de uma câmara digital Canon EOS da loja sediada no Brooklyn pelo blogueiro Thomas Hawk. Nos dias seguintes, e por várias vezes, representantes da companhia tentariam vender acessórios da câmara para Hawk e se recusaram a embarcá-la até que ele concordasse em comprar os itens adicionais. Quando Hawk ameaçou escrever um artigo sobre a transação, a companhia respondeu com observações ofensivas; em função disso, Hawk postou no blog um relato detalhado de sua experiência. Durante as três semanas seguintes a história se espalhou através do mundo on-line como um incêndio e foi coberta pelo *New*

---

* Relações Públicas. (N.T.)

York Post, o *New York Times* e pela revista *Fortune*. O PriceRitePhoto se viu inundado por e-mails, telefonemas e reclamações de clientes, e em consequência foi removido de todos os dispositivos de busca de varejo e de pesquisa de preço. O mundo on-line vingou-se de forma rápida e limpa, e o PriceRitePhoto logo teve que sair dos negócios.

O incêndio que se espalhou com retorno negativo em relação à PrideRitePhoto e a barragem de tweets negativos em tempo real vivenciada por Sarah Lacy revela uma regra fundamental do mundo on-line: quando tudo é aberto e facilmente acessível pelas massas, você não pode fugir e certamente não pode se esconder. Diferentes regras de envolvimento são aplicadas na internet, e uma revisão histórica se torna praticamente impossível quando a informação, uma vez postada, deixa para sempre vestígios que são impossíveis de serem apagados. Basta olhar os arquivos da internet no *Internet Archive Wayback Machine*, um site dedicado ao arquivo de websites para referência cultural, para ter a prova do poder de permanência dos dados na web. Embora a natureza aberta da internet possa ser um conceito pouco familiar para muitos, ela não é para ser temida. Quando o mundo on-line parte para o ataque, suas razões são com frequência surpreendentemente altruístas, como evidenciado pela mensagem postada no blog por Thomas Hawk, vítima da PriceRitePhoto:

> "Esperamos que, acima de qualquer outra coisa, esta história sirva para lembrar às empresas desonestas, em todos os lugares, que no final das contas a fraude e o comportamento abusivo em relação aos clientes não vale a pena [...] o poder do consumidor está crescendo. E que no novo mundo atual com ferramentas como blogs e redes sociais [...] o consumidor está bastante fortalecido, como nunca esteve no passado."

As comunidades on-line se sentem de fato fortalecidas para efetuar mudanças e exercitam esta capacidade sempre que possível. Está em funcionamento aqui o mesmo princípio que foi vivenciado por Johnny Chung Lee na delirante recepção para seus vídeos com invenções usando o Wiimote. As pessoas on-line têm uma concreta sensação de realização quando se aliam a ideias novas e exclusivas, e defendem com entusiasmo quaisquer conceitos com os quais se identificam pessoalmente. Este princípio também se aplica para a necessidade de uma comunicação autêntica, como ficou demonstrado por Gary Vaynerchuk — quando as pessoas investem em si mesmas naquilo que você está fazendo, elas se sentem pessoalmente traídas se você falhar em ser genuíno.

Assim, o que tudo isso significa para você e seu negócio? Colocando de forma simples, significa que você tem que estar consciente e sensível com relação ao Ciclo do Retorno.

COMO FUNCIONA O CICLO DO RETORNO

Quando Sarah Lacy enfrentou uma aparentemente interminável barragem de extrema negatividade no festival SXSWI, o comentário que ela postou no Twitter, logo após sair do palco, refletiu o mesmo espírito pejorativo com o qual tinha acabado de se deparar: "Sério, gente, vão todos vocês para o inferno. Fiz o meu melhor perguntando uma porção de coisas". Depois de descarregar o seu ódio, Lacy demonstrou uma capacidade de se manter controlada e equilibrada enquanto navegava através da multidão com entrevistas negativas, lutando para revelar o seu lado da história. O retorno negativo inicial que ela recebeu foi então assimilado e rebatido por seus próprios comentários positivos. Consequentemente, esses comentários positivos melhoraram o retorno geral que ela continuava a receber. Esse diálogo é, em essência, o Ciclo de Retorno, que é um círculo que não tem fim.

> O boca a boca é um acelerador cultural. Basta construir a arquitetura para envolver os espectadores.
> *Kenny Miller, Diretor de Criação & Evp, MTV Network Global Digital Media.*

Gary Vaynerchuk também tem se utilizado do poder do retorno e mantém seu próprio Ciclo de Retorno ativo e fluindo. Ativamente, ele procura e responde aos comentários positivos e negativos, assegurando que os canais de comunicação permaneçam abertos e que todos aqueles que façam comentários sintam como se sua voz esteja sendo levada em consideração e recebendo resposta. Em troca do tempo empregado para responder a cada comentarista, aumenta em muito a probabilidade de que eles continuem a acompanhar seu trabalho.

O velho modelo global de retorno é representado por uma via de comunicação fechada e em mão única, como ilustra a Figura 6.1. Um evento ou ação ocorreria em nome de uma empresa ou pessoa, e o público faria então comentários e daria retorno. Ao fornecer este retorno inicial, o público ficaria no escuro sem saber que efeitos seus comentários produziram.

// **Figura 6.1**
Com o velho modelo de retorno, anterior ao crescimento da internet, a comunicação fluía apenas em uma direção.

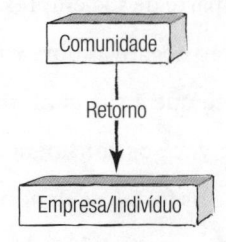

Comunidade
↓
Retorno
↓
Empresa/Indivíduo

On-line, o processo de retorno (*feedback*) se transforma em um ciclo, como ilustra a Figura 6.2.

// **Figura 6.2**
A popularidade da internet permite que a comunicação — tanto positiva quanto negativa — flua continuamente de uma pessoa ou empresa para sua comunidade de clientes, voltando em seguida.

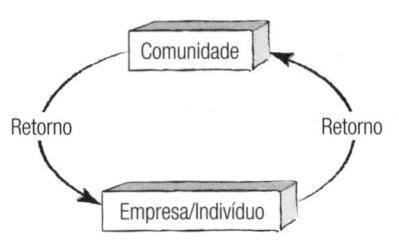

```
        Comunidade
      ↗           ↘
  Retorno       Retorno
      ↘           ↗
      Empresa/Indivíduo
```

O retorno fornecido pela comunidade de clientes leva a uma resposta da companhia ou da pessoa que gerou o evento ou ação inicial. Esta resposta, por sua vez, leva a mais retorno da comunidade. O ciclo continua até que ambas as partes fiquem satisfeitas com a resposta que receberam e não sintam mais necessidade de dar retorno. É importante entender também que se você escolher não responder ao retorno do cliente, isso não fará com que volte o modelo de via de mão única — significará simplesmente que seus clientes continuarão no ciclo somente com seu próprio retorno aguardando resposta. Neste cenário, o retorno tende a ficar cada vez mais negativo e especulativo até que você injete algum retorno positivo para mudar o fluxo. No Ciclo de Retorno, o silêncio de parte de sua empresa ou de sua marca pessoal pode levar a uma percepção negativa sobre você e sua marca. Ao providenciar retorno reconhece que a sua comunidade existe, que ela tem uma opinião válida e que você os considera além de simples clientes; você os valoriza tanto que os fortalece dando-lhes voz. Uma vez fortalecido, é mais provável que um membro da sua comunidade se torne fiel à marca do que aquele que se sentir desprezado, mesmo se o retorno original tiver sido negativo. Pergunte a Sarah Lacy.

RETORNO, INTELIGÊNCIA SOCIAL E LIDERANÇA

Um artigo publicado na *Harvard Business Review* discute a inteligência social e emocional desempenhada por líderes eficazes. Não é motivo de surpresa a descoberta de que os melhores líderes são aqueles que exibem não somente influência e inspiração, mas também empatia, harmonia e um genuíno desejo de ajudar no desenvolvimento dos outros. Em conjunção com o Grupo Hay, o artigo apresentava uma bateria de perguntas com o intuito de avaliar se "Você é um líder socialmente inteligente?". Muitas das questões listadas mostraram-se bem distantes das tradicionais pesquisas de liderança:

// Você é sensível às necessidades dos outros?
// Você está sintonizado com os sentimentos dos outros?
// Você fornece o retorno que as pessoas consideram útil para seu desenvolvimento profissional?
// Você compreende as redes sociais e conhece suas normas tácitas?

Enquanto o entendimento tradicional das estruturas de liderança destacava a necessidade de poder e de direção firme, as novas medidas de liderança se apoiam cada vez mais na empatia e na compreensão. A mensagem tácita é clara: seja verdadeiro e tenha compaixão. Para ser um verdadeiro líder, você precisa ter uma equipe que o apoie e que esteja disposta a trabalhar não apenas em seu nome mas também em nome deles.

Os mesmos princípios se aplicam on-line. As celebridades virtuais como Gary Vaynerchuk e Sarah Lacy são os equivalentes aos líderes organizacionais socialmente inteligentes. Eles estão sintonizados com sua audiência e mantêm os canais de retorno abertos, demonstrando sua compaixão e sinceridade. O público confia neles e entende que, mesmo quando cometerem erros, eles se dirigirão pessoalmente às suas comunidades por meio de reações e retorno honestos. Esta confiança se traduz em lealdade, e esta constrói uma comunidade dedicada.

Estar acessível ao seu público é difícil somente quando você está tentando esconder algo. O Ciclo de Retorno lhe proporciona um canal de comunicação aberto e direto com sua comunidade, e isto representa uma oportunidade que antigamente nunca esteve disponível. Não se esqueça de que o mesmo canal aberto que lhe permite comunicar-se diretamente com seu público cada vez mais participativo também permite que eles facilmente enxerguem além e coloquem em xeque um engodo. Em outras palavras, isto significa que a honestidade é realmente a melhor política, seja on-line ou não.

JEFF PULVER PASSA HORAS SENTADO NO CHÃO DE SEU QUARTO DE HOTEL COLOCANDO CANETAS E BLOCOS DE PAPEL DENTRO DE CENTENAS DE SACOS PLÁSTICOS ZIPLOC TRANSPARENTES, PREPARANDO O SEU PRIMEIRO "CAFÉ DA MANHÃ DA REDE SOCIAL". ELE CHAMA OS SACOS PLÁSTICOS DE "KIT DE FERRAMENTAS DA REDE

7 // CAPITAL SOCIAL →
CAPITAL CULTURAL →
CAPITAL FINANCEIRO

social" e irá distribuí-los para centenas de amigos do Facebook, muitos dos quais nunca encontrou, à medida que aparecerem para um café da manhã, reunião que ele organiza em cada cidade que passa durante sua viagem de negócios. Os kits não poderiam ser mais simples. A mensagem não poderia ser mais clara: vamos trazer para o mundo real as ferramentas de rede social on-line e ver o que acontece.

No dia seguinte, durante o café da manhã, Jeff cumprimenta seus novos amigos entregando a cada um o kit de ferramentas e convidando a todos para se caracterizarem por meio de etiquetas (*tags*), escrevendo palavras-chave descritivas em post-its e colando-as depois no corpo. Ele dá o exemplo escrevendo "pai", "caçador de diversão", "construtor de comunidades". Assim que o gelo é quebrado e começa a etiquetagem, todos passam a tomar o café da manhã e a conversa gira em torno de redes sociais, empreendedorismo e empresas iniciantes do setor de novas tecnologias — tudo que possa servir de alimento para os investimentos da empresa de Jeff.

Jeff Pulver tem uma rede social pessoal com mais de 10 mil amigos. Sendo 4.999 deles só no Facebook, Jeff está aberto à construção de comunidades e sugestões de negócios partindo de qualquer um. À medida que ideias e sugestões vão surgindo por meio de e-mails, comentários, postagens e mensagens no Facebook, Jeff procura conhecer os autores dessas sugestões pesquisando suas reputações on-line e realizando encontros frente a frente nesses cafés da manhã. A partir disso, ele avalia as propostas utilizando um mecanismo de rede social baseado no coleguismo, junto com outros indicadores de negócios mais tradicionais antes de, finalmente, escolher e reter aquelas mais populares. A comunidade de amigos e colegas que construiu o ajuda a se conectar, investigar e conhecer as empresas iniciantes nas quais investirá em seguida.

Observando a atividade febril que cerca Jeff em seus cafés da manhã, um participante ostentando post-its com as palavras "falante", "divertido" e "repórter" sorri para si mesmo na fila do café. A comunidade tinha falado e estava certo: o homem era realmente um repórter e seu aguçado faro jornalístico percebeu uma história acontecendo. No mundo on-line é comum "etiquetar". No mundo real, provavelmente essa é a primeira vez. Como resultado de seu esforço simples de converter para o mundo físico um comportamento on-line, Jeff Pulver criou uma vibrante comunidade. Seus cafés da manhã da rede social têm sido retratados na revista *Fortune* e seu principal negócio como anjo-investidor* está prosperando, com mais de quarenta empresas sob suas asas. Ao longo do caminho, Jeff procura dar um reconhecimento público a cada um de seus amigos e participantes — sem mencionar, claro, o café da manhã.

CAPITAL SOCIAL, PISCINAS E COLINAS COM NEVE

Quando você possui muitas pessoas em sua vida dispostas a apoiar suas ideias, pessoas que querem ouvir o que você tem a dizer e que estão interessadas em conversar com e sobre você, então estará de posse de um incrível tesouro. Esse bem é chamado **capital social**. Se o capital financeiro puder ser sumarizado pelo termo "dinheiro", talvez o capital social possa ser resumido pela palavra "amigos", mas o termo realmente se refere a muito mais do que os amigos concretos que fazem parte de sua rede pessoal.

> A visibilidade e a reputação afetam o processo de tomada de decisão e, no final, influenciam o comportamento

Recorde-se de lá atrás, no tempo do ensino fundamental, dos verões quentes e sem ar-condicionado. Agora lembre-se de Suzie, aquela menina que tinha uma piscina em seu quintal. Ter amizade com Suzie significava poder ir nadar e se refrescar em um quente dia de verão. Não conhecer a Suzie significava ficar todo suado em seu próprio

---

* O anjo investidor (*angel investor*) é uma pessoa física ou uma companhia que se dispõe a investir em uma empresa iniciante (*start-up*). Esse investidor acredita no projeto, aporta os recursos e corre os riscos na expectativa de obter ganhos financeiros quando a empresa crescer. (N.T.)

quintal e esperar com ansiedade a chegada do outono, ou pensar nos dias com neve do inverno e em Mark, o garoto que dispunha de uma grande colina para deslizar com trenó bem atrás de sua casa. Conhecer Mark significava ter acesso a uma divertida tarde de inverno toda vez que a escola fechasse por causa da neve. Conhecer tanto Suzie quanto Mark significava que você estava bem arranjado para o ano todo.

As Suzies e Marks do mundo adulto proporcionam acesso a múltiplos recursos que são bastante úteis em diferentes momentos e situações. Ao expandir e manter contato com uma grande rede de amigos e conhecidos, você se coloca em posição de utilizar os diferentes e exclusivos pontos de acesso que eles oferecem. Quanto mais Suzies e Marks você conhecer, mais acesso terá a várias oportunidades em comunicação, produção e distribuição.

O capital social se refere tanto à rede de relacionamentos que você possui, quanto ao acesso a recursos proporcionado por eles. Em termos técnicos, o capital social foi definido pelo sociólogo, filósofo e antropólogo francês Pierre Bourdieu como "o agregado de recursos reais ou potenciais que estão ligados à posse de uma rede durável de relacionamentos de mútuo conhecimento e reconhecimento mais ou menos instituídos". Em outras palavras, os colegas da piscina e os companheiros com o trenó se transformaram em sócios complementares nos negócios e nas recomendações pessoais de alto nível da vida adulta.

Em sua maior parte, o capital social é construído fora do computador e em tempo real. As conexões que você faz no mundo físico são representadas on-line por meio de plataformas de rede social, que permitem que você se apoie nesse capital para futura referência e utilização. Depois que você se conecta com uma pessoa frente a frente, o

Capital social → *Capital cultural* → *Capital financeiro* //

relacionamento exige menos manutenção e pode ser "arquivado para uso" utilizando-se ferramentas como o Facebook e o LinkedIn. Uma vez arquivados com estas ferramentas, esses relacionamentos podem ser mantidos sem esforço. Não há mais necessidade de fazer telefonemas ocasionais ou enviar aquele e-mail eventual para garantir que a outra pessoa atualize seus dados para contato. Desde que apareçam nas listas on-line de amigos, um do outro, o acesso entre si e aos recursos potenciais estará garantido. Redes sociais são como aquelas antigas agendas de contatos, porém ativas e permanentemente atualizadas por meio da internet.

A maioria de nós possui amigos para ir ao cinema, companheiros de bebida, companhias para ir ao shopping, colegas de ginástica e amigos para confidências, todos formando um valioso conjunto de amigos com diferentes benefícios. Nos negócios temos os colegas do golfe, os companheiros do *brainstorming**, os jantares com clientes, os produtivos cafés da manhã e os churrascos da empresa. Com as redes sociais, todas essas conexões podem ser categorizadas e subcategorizadas por afinidade, prática, interesse, proximidade e assim por diante; e essas categorizações podem mudar com fluidez dependendo do humor e da disponibilidade. É um ambiente diferente que tem sua própria forma codificada de interação. As redes sociais permitem que você esteja em contato com todos esses amigos entre as partidas de golfe e os jantares de negócios, e garantem que eles permaneçam fazendo parte de seu capital social. Você continua interagindo por meio das redes, de modo que quando os vê frente a frente já estão atualizados e cada um sabe o

---

* *Brainstorming* ("tempestade cerebral") é uma técnica de dinâmica de grupo para livremente gerar ideias com determinados objetivos, explorando a potencialidade criativa de um indivíduo ou de um grupo. (N.T.)

que o outro tem feito. A tecnologia simplesmente mantém a conexão nos períodos entre os encontros pessoais.

Como Jeff Pulver provou, por meio das sugestões de negócios que recebe devido à sua ampla rede de amigos, que o capital social é uma via de duas mãos. Você tem acesso aos recursos proporcionados por outros, assim como eles têm acesso aos seus. Em alguns casos, como o de Jeff, a abertura do acesso aos seus próprios recursos torna-se uma poderosa ferramenta em si. Jeff é capaz de escolher e examinar seus próximos projetos de investimentos baseado nas pessoas que se aproximam *dele* em busca de recursos. Ao abrir a si e seus recursos para sugestões, ele elimina a necessidade de ativamente solicitar propostas.

Outro elemento-chave do capital social está no acesso à "ligação fraca". Considere seus amigos e colegas mais próximos. Os relacionamentos compartilhados com estas pessoas se baseiam em múltiplas interações e experiências vividas em conjunto; uma amizade testada pelo tempo ou por uma história de trabalho em comum. Estas amizades e conexões são consideradas "ligações fortes". São também as pessoas entre as quais você provavelmente teria maior influência. As pessoas que estão mais próximas — suas ligações fortes — têm maior possibilidade de compartilhar uma afinidade com você e, por extensão, se sentiriam mais motivadas a lhe serem úteis. Quando se trata de redes sociais, é um pouco como colecionar cards de baseball: a questão não é a quantidade que você possui; mas sim quais cards possui e como faz uso deles.

Assim, o que acontece com as pessoas que você encontra em um evento de rede de relacionamento e com as quais compartilha somente uma conversa ou um copo de vinho? Nesse caso, você tem um tipo de relacionamento com pequena intimidade, a qual nós nos referimos

Capital social → Capital cultural → Capital financeiro **//**

como uma "ligação fraca" (ver Figura 7.1). Dada uma oportunidade, talvez estes relacionamentos tangenciais possam florescer — ainda que raramente tenhamos a chance de descobrir.

// Figura 7.1
Ligações fortes e ligações fracas.

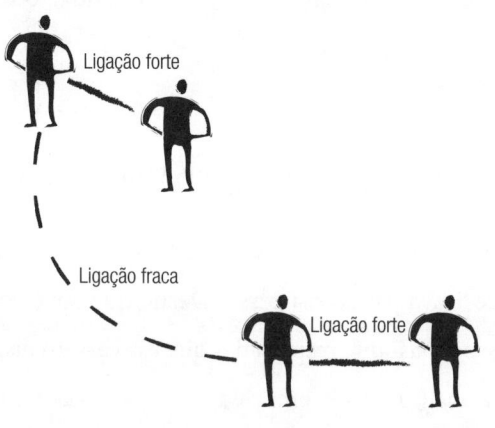

Outra forma de ligação fraca vem de apresentações feitas em redes sociais por meio de amigos e colegas de confiança. Quando se trata de apresentações on-line, há um endosso implícito no fato de que uma pessoa que você conhece está passando adiante uma reunião, projeto ou solicitação de negócio para outro contato dele. Há também um aspecto qualitativo de alguém utilizar seu tempo para escrever uma mensagem e passar uma nota em seu favor. Manter-se em contato com suas ligações fortes lhe dá maiores oportunidades de gerar novas ligações fracas.

As redes sociais permitem que você fique em contato com pessoas com quem você compartilha essas ligações fracas. Quando volta para casa de um evento de rede de relacionamento profissional com uma pilha de cartões de visita em seus bolsos, o que você de fato acumulou foram ligações fracas. Adicionar essas ligações fracas em seu capital social é tão fácil como digitar seus nomes ou endereços de e-mails e enviar convites para que se conectem à rede social. Manter contato com ligações fracas significa aumentar seu acesso potencial a recursos, que, por sua vez, aumentam seu capital social. Em geral, as redes sociais permitem pegar os esquecidos cartões de visitas e transformá-los novamente em piscinas e colinas com neve para nadar ou deslizar com trenó.

CAPITAL CULTURAL E A CELEBRIDADE VIRTUAL

Houve uma época em que o capital social era tudo o que você realmente precisava para ter sucesso. Desde que você conhecesse um grupo de pessoas bastante respeitadas que estivessem dispostas a recomendar seu trabalho ou sua empresa, você estava feito. Hoje, quando cada vez mais pessoas têm acesso às amplas redes sociais de nossa sociedade altamente informatizada e interconectada, apenas o capital social faz você ter esse alcance.

É aqui que o capital cultural entra em cena. Se o capital financeiro pode ser resumido como "dinheiro" e o capital social como "amigos", então o capital cultural pode ser entendido como "influência". O capital cultural engloba conhecimento, experiência e conexões de uma pessoa, e se refere ao montante de influência e vantagens que alguém exerce na sociedade. Em outras palavras, seu capital cultural demanda quanta influência você exerce fora de seu círculo imediato de amigos.

Pegue como exemplo o caso de Gary Vaynerchuk. Gary começou construindo um público fora do mundo virtual e, depois, expandiu sua rede de amigos usando iniciativas on-line, tais como seus vídeos postados diariamente na TV Winelibrary. Este público e a rede representavam seu capital social, mas somente quando o mundo do vinho começou a tomar decisões baseado nos vídeos postados por ele é que ocorreu a transição do capital social para o capital cultural. Pessoas com bastante capital social podem influenciar seus amigos. Aqueles com capital cultural podem influenciar seu setor de atividade e o mundo em geral.

Pegue também o exemplo de Johnny Chung Lee, o estudante de graduação que virou uma celebridade virtual do YouTube. Alguns meses depois de postar suas novas invenções tecnológicas com o Wiimote, o maior desenvolvedor de videogame EA anunciou que estava desenvolvendo um recurso oculto em um próximo jogo a ser lançado, baseado na tecnologia criada por Lee. O recurso não conseguiu passar pela fase final de produção, mas a mensagem tinha sido enviada — Lee conseguiu influenciar um dos dez maiores desenvolvedores, responsável por jogos de sucesso como Rock Band, Madden NFL e Need for Speed.

Nos velhos tempos, o capital cultural de uma pessoa se relacionava estritamente à sua posição social, e isso significava família, conexões e poder. Atualmente, o uso da tecnologia para atingir números cada vez maiores de pessoas conectadas pela internet permite que cada pessoa com acesso e habilidade tenha a oportunidade de conseguir valiosos relacionamentos, reconhecimento e influência. Quanto mais você se tornar adepto do uso de tecnologia social para cultivar estes vínculos, mais estará conectado com pessoas que desejam que você seja bem-sucedido. Se você continua construindo seu capital social e compreende as dinâmicas subjacentes das tendências, ciclos de retorno e celebridade virtual, o capital cultural não estará muito distante.

CAPITAL SOCIAL + CAPITAL CULTURAL ~> CAPITAL FINANCEIRO

Relembre as palavras de Tara Hunt, a expatriada canadense que usou as redes sociais com sucesso para criar e promover seu negócio de consultoria sobre a internet: "Não preciso mais de currículo. Apenas digite meu nome no Google". É uma posição bastante poderosa para se estar quando alguém procura alavancar seu capital social por um bom emprego ou novos clientes.

Quando Tara começou suas experiências com redes sociais e a desenvolver uma ampla rede de contatos, estava construindo seu capital social. Esse mesmo capital social tornou-se útil quando ela começou a conquistar clientes e iniciou seu bem-sucedido blog de marketing *HorsePigCow*. Seu crescente capital social combinado com o sucesso de seu negócio e de seu blog foi bastante útil na expansão de sua credibilidade e influência para além de sua rede imediata — isto é, seu capital cultural. Nos dias atuais, a credibilidade de Tara é imediatamente visível para qualquer potencial cliente conectado à internet. Uma pesquisa de seu nome no Google traz uma infinidade de entrevistas, vídeos, biografias e participações em conferências, demonstrando que, de fato, Tara tem uma voz respeitada e que é ouvida com atenção pelo mundo, além de seu próprio círculo social. Esta credibilidade se traduz em melhores projetos, melhores trabalhos e — em última instância — melhor capital financeiro.

De forma semelhante, uma pesquisa no Google por Jeff Pulver revela seus sites, empresas e página na Wikipédia, assim como múltiplos artigos e entrevistas. Quando seus amigos submetem sugestões para novas empresas, já sabem exatamente quem é Jeff e o que ele realizou.

Capital social → *Capital cultural* → *Capital financeiro* //

Seu capital cultural fornece credibilidade instantânea e, ao lhe proporcionar maiores oportunidades e perspectivas, se traduz no final em capital financeiro.

Quando estiver construindo sua marca pessoal on-line, faça-o com um passo de cada vez. A reputação associada ao capital cultural leva tempo para ser construída on-line, não importando o quanto sua marca ou companhia é respeitada fora do mundo virtual. Comece construindo seu capital social e se concentre em manter contato tanto com suas ligações fortes como com as fracas. Adicione valor e desenvolva a confiança dentro de sua rede antes de tentar exercer mais sua influência. Permaneça genuíno, engajado e lembre-se de manter os pés no chão. Sem dúvida, irão aparecer as oportunidades dentro de sua rede, mas cabe a você descobri-las e tirar o máximo proveito delas.

A ELEIÇÃO PRESIDENCIAL DE 2008 NOS EUA SE APROXIMAVA E O CANDIDATO BARACK OBAMA ESTAVA COLOCANDO SEU ORÇAMENTO DE CAMPANHA EM ANDAMENTO. ENQUANTO SEUS COLEGAS CANDIDATOS ESTAVAM CONFIANDO EM GRANDES DOAÇÕES E CONCENTRANDO SEUS

8 // COMUNICAÇÃO VIRAL E COMUNIDADES: OPORTUNIDADES NA DISTRIBUIÇÃO

anúncios sobre orçamentos nos meios tradicionais de exibição, Obama mobilizava on-line a paixão e dedicação dos usuários da internet para criar uma comunidade de contribuintes que, se por um lado, tinha menor capacidade financeira, por outro era ferozmente fiel e entusiasmada. Em pouco tempo, as contribuições aparentemente insignificantes doadas por sua vasta comunidade on-line logo começaram a se somar, e, no final, mostraram-se importantes o suficiente para transformar Obama no primeiro candidato presidencial da história a abrir mão do financiamento público em eleições gerais.

Os números são realmente sem precedentes. Obama recebeu contribuições de mais de 2 milhões de doadores e manteve um banco de dados de mais de 45 mil partidários que, de acordo com um artigo do *NY Daily News*, serviram como "um exército de agentes angariadores de fundos que veio a ser sua arma secreta". Ele conseguiu levantar 91 milhões de dólares considerando apenas os primeiros dois meses de 2008, a maior parte em forma de contribuições de meros 25 ou 50 dólares de sua apaixonada comunidade on-line.

O estrondoso triunfo da campanha on-line de Obama, como pode ser observado na Figura 8.1, não era um sucesso repentino, destes que desaparecem tão rápido quanto surgem, mas sim o resultado de um esforço bem planejado e minuciosamente executado. Uma estratégia magistral na web e nos celulares em conjunto com as tradicionais propagandas na mídia — quem poderia esquecer o informativo comercial de Obama que varreu as transmissões na TV apenas uma semana antes das eleições norte-americanas? — ajudou-o a reunir os embaixadores e defensores que espalhariam ainda mais a campanha para seus próprios amigos. Obama compreendeu como ativar a intensa paixão dos usuários da internet fortalecidos e ativamente procurou construir relacionamentos com pessoas dedicadas (on-line e no mundo fora da web) que serviriam como seu exército de pessoas do povo.

// **Figura 8.1**
Os acessos a Obama na internet claramente vencem os acessos a McCain.

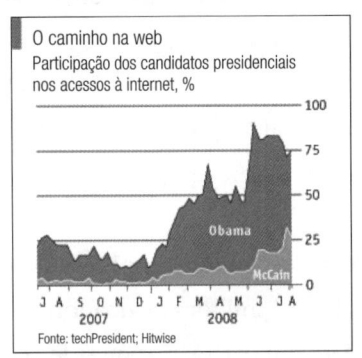

O primeiro aspirante à presidência a alardear o êxito de sua estratégia na internet foi o candidato Howard Dean durante a eleição de 2004. Embora Dean tenha produzido uma considerável base de fãs na internet e tenha prometido que "Se faço um discurso e os blogueiros não gostam, mudo o discurso da próxima vez", seu problema estava na distância entre o público da internet e o centro político. A energia extraída de seu apoio na internet nunca fez parte de uma maior campanha coesiva e, no final, fracassou por falta de um canal para se manifestar. Dean não conseguiu fazer a coordenação entre os métodos de campanha tradicionais de um lado, e os métodos transparentes e de auto-organização com base na internet, do outro. A falta de coesão fez com que toda a campanha entrasse em colapso na primeira fase da eleição. No entanto, o sucesso inicial da campanha na web ofereceu um vislumbre do que estava por vir.

Trabalhando a partir da estratégia de Dean, quatro anos mais tarde, Obama procurou efetivamente conectar seus sistemas de apoio político, internos e externos, para coordenar e harmonizar os dois círculos — pense na armação de uma roda de bicicleta ligando o eixo ao aro externo (ver Figura 8.2). Barack Obama capturou o espírito da nova era de comunicação transparente e foi capaz de se engajar com sucesso com os adeptos de todos os níveis que lhe davam apoio. De sua parte, o mundo on-line encontrou um político vencedor e continuou a apoiar avidamente todos os seus movimentos por todo o caminho, até chegar à Casa Branca.

// **Figura 8.2**
O núcleo da campanha de Obama e adeptos auto-organizados se conectam e se organizam por meio de redes sociais na internet. Seus esforços coletivos colocam Obama no caminho da vitória.

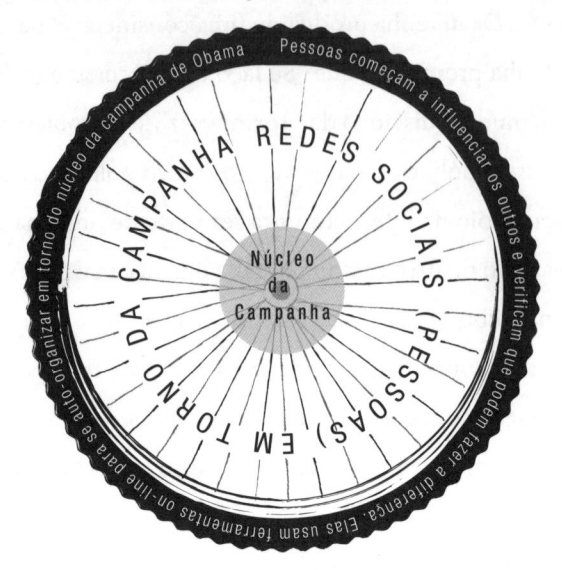

CONSTRUINDO UM EXÉRCITO DE PESSOAS DO POVO

O decisivo sucesso da campanha de Obama na internet se baseia principalmente em três fatores-chave, sendo o primeiro deles um investimento financeiro significativamente maior na área on-line do que aquele de seus oponentes. A campanha de Obama gastou de 10 a 20 vezes mais em anúncios de banners e links patrocinados do que seus colegas candidatos, veiculando anúncios em uma ampla variedade de sites que vão desde grandes jornais como o *Boston Globe* a blogs políticos como o *Daily Kos* e o *Drudge Report*. O segundo fator-chave no sucesso da campanha foi a ausência de uma abordagem de vendas escancarada e direta. Os usuários que clicavam no banner de Obama não eram levados para uma página de doação, mas sim a um formulário onde podiam se cadastrar para receber convites de eventos de campanha.

Somente *após* submeter o formulário, os visitantes eram solicitados a fazer uma doação. Ao evitar táticas abertamente comerciais, Obama confirmava sua sinceridade e enviava aos que lhes davam apoio uma clara mensagem, embora tácita: a fidelidade é mais importante que o dinheiro. O terceiro fator da campanha de Obama, e aquele que levaria diretamente sua mensagem de um grupo central de devotados e ardentes seguidores para o público em geral, está na profunda compreensão por parte de seus assessores a respeito do mundo on-line.

> Boa parte das mudanças sociais não é motivada por pessoas influentes, mas sim por pessoas facilmente influenciáveis influenciando outras pessoas facilmente influenciáveis.
> Duncan J. Watts, Peter Sheridan Dodds (Influentes, redes e formação da opinião pública, *Journal of Consumer Research*, dezembro de 2007).

A campanha de Obama compreendeu uma ampla capacidade da internet de criar redes e a possibilidade de espalhar uma mensagem como um vírus, desde que esta mensagem fosse considerada significativa, autêntica e valiosa. Também entenderam o valor de dar às pessoas algo em que acreditar e, tão importante quanto isso, de dar-lhes poder para realmente *fazer* algo a respeito. Com mantras on-line para fortalecer as pessoas, como "ESTOU PEDINDO QUE VOCÊ ACREDITE. Não apenas em minha capacidade de trazer uma mudança real para Washington... Estou pedindo que acredite na sua", Obama aproveitou o poder das redes sociais e da comunicação viral para se conectar com as massas. E, com isso, o povo norte-americano conduziu a primeira presidência pela internet na história.

O primeiro passo de Obama foi deslocar a organização e a mobilização de seus oponentes alavancando as ferramentas preexistentes em redes sociais populares para fornecer aos que lhe davam apoio um lugar onde pudessem se reunir e compartilhar opiniões e comentários. Foram formados mais de 500 grupos no Facebook e 100 widgets (interfaces gráficas de programas que os fãs podiam facilmente embutir em seus perfis por todos os sites populares de rede social) em torno de sua campanha, muitos criados oficiosamente pelos fãs e adeptos. A associação aos grupos disparou, com um grupo reportando mais de 200 mil usuários registrados em seu primeiro mês de criação.

Em toda a sua campanha, Obama liderou confortavelmente a corrida presidencial pela popularidade no MySpace e no Facebook. O aspirante à presidência lançou sua própria rede social, *MyBarackObama.com*, convidando os que lhe davam apoio a criar um perfil, colocar em blog suas experiências na campanha, planejar e participar de eventos, encontrar novos adeptos e ajudar a levantar fundos.

Obama conhecia o velho sistema político com responsáveis e grupos de apoio por zonas eleitorais e sabia que esses papéis poderiam agora ter suas atividades coordenadas por meio de softwares sociais e aplicativos para celulares. Mesmo os grupos auto-organizados no Facebook e no Twitter, seguindo a Lei de Reed, formaram comitês populares de ação política com subgrupos responsáveis por operações de campo, comícios, finanças e blogs. Com plataformas como o *MyBarackObama.com* e uma variedade de ferramentas por todos os outros sites de rede social, Obama pôde promover o engajamento de pessoas que normalmente não se desviariam de seu caminho, permitindo que se envolvessem com política em um ambiente que lhes fosse mais familiar.

Como Todd Zeigler do Bivings Group, uma firma de comunicação da internet que trabalha com os republicanos, sediada no Distrito de Columbia, observou em um artigo no *Washington Post* de 16 de fevereiro de 2007 com o título "Jovens eleitores encontram voz no Facebook": "O ponto-chave aqui é que o apoio a Obama nesses sites de rede social não está sendo impulsionado pela campanha em si. É algo espontâneo, em oposição a algo que a própria campanha está orquestrando. Isso mostra um real entusiasmo entre os jovens pela candidatura de Obama que, nesta altura, você não vê por nenhum outro candidato". Veja na página 102 um diagrama do sucesso de Obama na internet.

As pessoas jovens não foram as únicas a demonstrar entusiasmo em relação a Obama. Em dezembro de 2009, seus esforços continuados para montar uma rede social foram reconhecidos pelo Comitê Nobel da Noruega, que atribuiu o Prêmio Nobel da Paz ao presidente Barack Obama "por seus extraordinários esforços para fortalecer a diplomacia internacional e a cooperação entre os povos"*.

"EVOLUÇÃO" E O VÍRUS

Gorda ou Gata?

Enrugada ou Encantadora?

Essas eram as questões levantadas pela "Campanha pela real beleza", um esforço de marketing da marca Dove, da Unilever, que salientava as mulheres "normais" em seus anúncios em vez das usuais modelos-padrão da indústria da moda. A campanha mostra mulheres do dia a dia com aparências e corpos variados em uma tentativa de

---

* Fonte: www.nobelpeaceprize.org. (N.T.)

introduzir uma nova visão mais ampla sobre o que seria considerado "bonito". Como parte da campanha, um anúncio de televisão chamado "Evolução" foi pela primeira vez levado ao ar durante o Super Bowl* de 2006. O anúncio mostrava uma sequência, em lapsos de tempo, de uma mulher sentada em frente a uma câmera, sendo maquiada e arrumada por uma multidão de maquiadores e cabeleireiros, fotografada em poses diferentes e, no final, tendo seu pescoço alongado, seus olhos e boca aumentados, suas proporções físicas modificadas por meio do Photoshop**, com a imagem resultante sendo exibida em um outdoor divulgando um falso produto de beleza. O anúncio de TV terminava com a afirmação: "Não é de admirar que nossa percepção de beleza esteja distorcida", antes de direcionar os espectadores para um site da marca Dove. O comercial foi inserido na internet imediatamente após sua primeira apresentação na TV. No final desse primeiro dia, o vídeo postado já tinha sido visto 40 mil vezes. Ao final do primeiro mês, o número de visitantes havia crescido para 1,7 milhão. Até o final do ano era superior a 12 milhões.

A campanha de marketing da Dove, assim como a campanha política de Obama, representam casos claros do que os profissionais de marketing chamam comunicação viral, ou a disseminação generalizada de uma mensagem que imita um vírus patológico pelo modo como passa de um nó para o próximo. É a maior medida para o sucesso que as pessoas procuram em um aplicativo do Facebook, um anúncio on-line da Dove, ou uma palestra da TED, e representa a taxa com que cada nova pessoa encaminha para pelo menos duas o aplicativo, vídeo

---

* Final do campeonato de futebol norte-americano, que tradicionalmente é o programa de maior audiência nos EUA. (N.T.)

** Popular software de edição de imagens. (N.T.)

ou palestra. O conteúdo mexe tanto com as pessoas que elas decidem compartilhar com seus amigos? A verdadeira questão é: como o "vírus" realmente se espalha?

Nas palavras de Jon Zelner, um epidemiologista social da Universidade de Michigan que estuda a disseminação e a transmissão de vírus, "A ideia básica é esta: nós observamos quando as pessoas compram coisas ou quando ficam doentes, mas há muitas variáveis ocultas. Existe um período de tempo entre quando são expostas à doença, ficando infectadas, e de quando ficam doentes". A Figura 8.3 ilustra o caminho da infecção viral em uma comunidade durante uma temporada de gripe.

// **Figura 8.3**

Caminho de uma infecção viral com base em gripe: Suscetível (é temporada de gripe e as pessoas em minha cidade estão ficando doentes; assim, eu também estou suscetível a ficar doente) → Exposto (meus amigos e colegas de trabalho estão doentes) → Infectado (fiquei doente) → Infeccioso (meus amigos sadios estão expostos ao meu vírus da gripe).

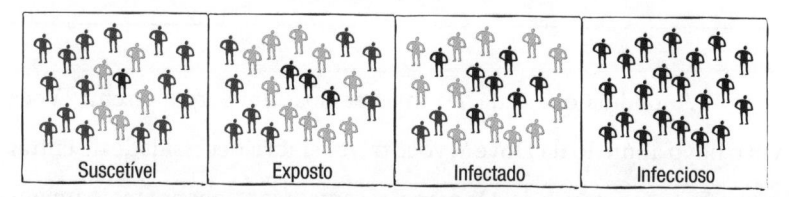

O mesmo ocorre com a exposição a um produto, como descrito na Figura 8.4. O iPhone é lançado no mercado e todos estão falando sobre isso. Muitos de seus amigos têm iPhones e estão loucos por ele. O período entre a exposição e a infecção é chamado *incubação* — em algum lugar no fundo de sua mente. Você já se decidiu a comprar o celular, mas ainda tem que, de fato, caminhar até a loja da Apple e colocar o dinheiro sobre o balcão.

Sua chance de infecção (isto é, a probabilidade de você realmente sair para comprar o produto) aumenta com a exposição. Se apenas um de seus amigos tem o iPhone, a chance de você sair e comprar, baseado nesta influência, é muito menor do que se dez de seus amigos tiverem iPhones. Quanto maior a taxa de exposição, maior a taxa de infecção. E se de fato acabar saindo e comprando um iPhone, você se tornará um agente da infecção.

// **Figura 8.4**
Caminho de uma infecção viral com base em um produto: Suscetível (estou no público-alvo para a compra de um iPhone) → Exposto (todos os meus amigos têm iPhones) → Infectado (comprei meu iPhone) → Infeccioso (meus amigos sem iPhone me veem com meu iPhone).

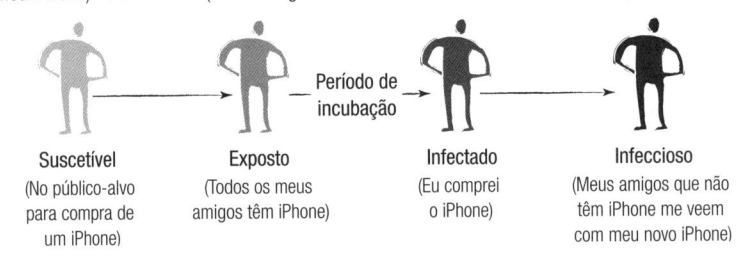

Suscetível	Exposto	Infectado	Infeccioso
(No público-alvo para compra de um iPhone)	(Todos os meus amigos têm iPhone)	(Eu comprei o iPhone)	(Meus amigos que não têm iPhone me veem com meu novo iPhone)

Entre Exposto e Infectado: Período de incubação.

À medida que cada vez mais pessoas lhe perguntarem: "Você viu o novo anúncio da Dove?", você talvez sinta a necessidade de entrar na internet para assisti-lo. De maneira semelhante, quanto mais amigos seus se manifestam apoiando "Obama 2008" no Facebook, você eventualmente poderá acabar sentindo também a necessidade de mostrar o seu apoio. Leve em consideração que o entendimento de como um vírus se espalha não se traduz automaticamente em milhões de visitas à página ou vendas sem precedentes. O conteúdo da mensagem que você envia tem total importância, e este conteúdo não tem necessariamente uma correlação direta com o quanto ela é viral ou infecciosa. Algumas mensagens maravilhosas nunca se espalham além das pessoas que as criaram, e muito do que se espalha como vírus não é particularmente valioso. Entenda o básico sobre a comunicação viral e como uma infecção se espalha, e procure prestar atenção nas palavras de Malcolm Gladwell, autor de *O ponto da virada* (como observado em uma recente postagem no blog): "A comunicação viral é mais um resultado que você espera do que uma tática em si".

MUDANDO DE AUDIÊNCIA PARA COMUNIDADE

Como uma tempestade de tornados não anunciados caindo no centro da cidade, a internet veio aparentemente do nada para redefinir por completo nossas vidas e a maneira como fazemos tudo, da política aos negócios. As funções de provedor de conteúdo e consumidor tornaram-se cada vez mais confusas e a visão tradicional do público virou de ponta-cabeça. Se antes o público funcionava estritamente como recebedor — você, o provedor, lançava um produto, e ele, o público, recebia e usava —, agora se tornou um ativo participante do processo de avaliação e criação. Não é mais suficiente falar *para* seu público. Nos dias atuais, você precisa falar *com* ele.

> "Por causa do impacto que a internet teve na eleição, estamos esperando ver a administração que está chegando (Obama) abraçar várias dessas ferramentas, e isto será importante para estabelecer as bases, uma vez que a administração tome posse".
> Alan Davidson, chefe do escritório do Google em Washington.

O primeiro passo para engajar seu público é descobrir onde ele vive on-line. Tendo você criado ou não um fórum para eles, pode ter certeza de que sua comunidade de alguma forma já existe, embora esteja espalhada por múltiplos sites e redes. Estude essa comunidade para entender o que é importante para seus participantes e o que fazem melhor. Entenda seu público, seus pontos fortes e os vínculos que existem nele.

Uma vez identificada sua comunidade, comece a entender seus hábitos e motivações, e torne-se participante das conversas. Cuide de seus interesses e talentos naturais e se envolva com todos de forma autêntica. Compartilhe ideias. A melhor maneira de estimular relações de negócios empreendedoras e significativas é dar à sua comunidade uma mão amiga. Há uma marcante diferença entre chamar friamente as pessoas para tentar lhes vender algo e contatar as pessoas porque você verifica que possuem uma necessidade e que você pode recomendar uma solução, principalmente se a solução não é entendida como autosserviço. Com ferramentas de rede social, toda sua rede de trabalho está na ponta de seus dedos. Não seria fácil transmitir adiante artigos úteis, posts atuais no blog e outras informações relevantes para vários grupos de afinidade dentro de sua rede? E recomendar fornecedores ou antigos colegas de trabalho? Todas essas pequenas coisas causam uma grande impressão. Os dividendos resultantes do investimento de seu tempo podem ser exponenciais.

Lembre-se de que a transparência e a confiança são fundamentais — se as pessoas percebem que você está lá apenas fazendo uma aposta, seu tiro pode sair pela culatra. Faça experiências com ferramentas gratuitas e preexistentes em redes amplamente disponíveis como o Facebook e o YouTube para entender qual é a melhor abordagem para criar uma comunidade autêntica e viável. E lembre-se de que você não pode forçar o comportamento das pessoas. O que você pode fazer é:

// Olhar para a dinâmica subjacente da maneira como as pessoas interagem entre si e com sua marca.

// Identificar e entender os padrões de interação: quem está influenciando o maior grupo a fazer coisas tais como comprar produtos ou participar de eventos e de que forma?

// Recompensar aqueles que exercem influência social em sua comunidade. Apresente-os em sua página principal e dê o endosso da empresa para que eles possam atuar em sua rede on-line.

// Fazer constantemente pequenos ajustes nas regras de interação para refletir as mudanças dos padrões de comportamento.

Hoje, como jamais ocorreu, a própria natureza do software de rede social torna mais fácil adicionar valor às vidas das pessoas. Como Barack Obama aprendeu em seu primeiro mandato presidencial, uma comunidade de pessoas engajadas que o apoia é uma ferramenta extremamente poderosa e pode fornecer para você e seu negócio um sistema de direcionamento e apoio que se autoperpetua. "Se *change.gov* — o novo site do presidente eleito — for alguma indicação, o segundo ato da estratégia de mídia social de Obama pode ter um impacto ainda maior nos Estados Unidos que o impressionante — e histórico — primeiro ato", afirma o blogueiro Rick Turoczy. Felizmente, as ferramentas não estão reservadas apenas para o líder do mundo livre; elas estão nas pontas de seus dedos. Cabe a você alavancar estas ferramentas e converter seus clientes de um público estático em uma comunidade interativa.

// 33 milhões de pessoas na sua rede de contatos

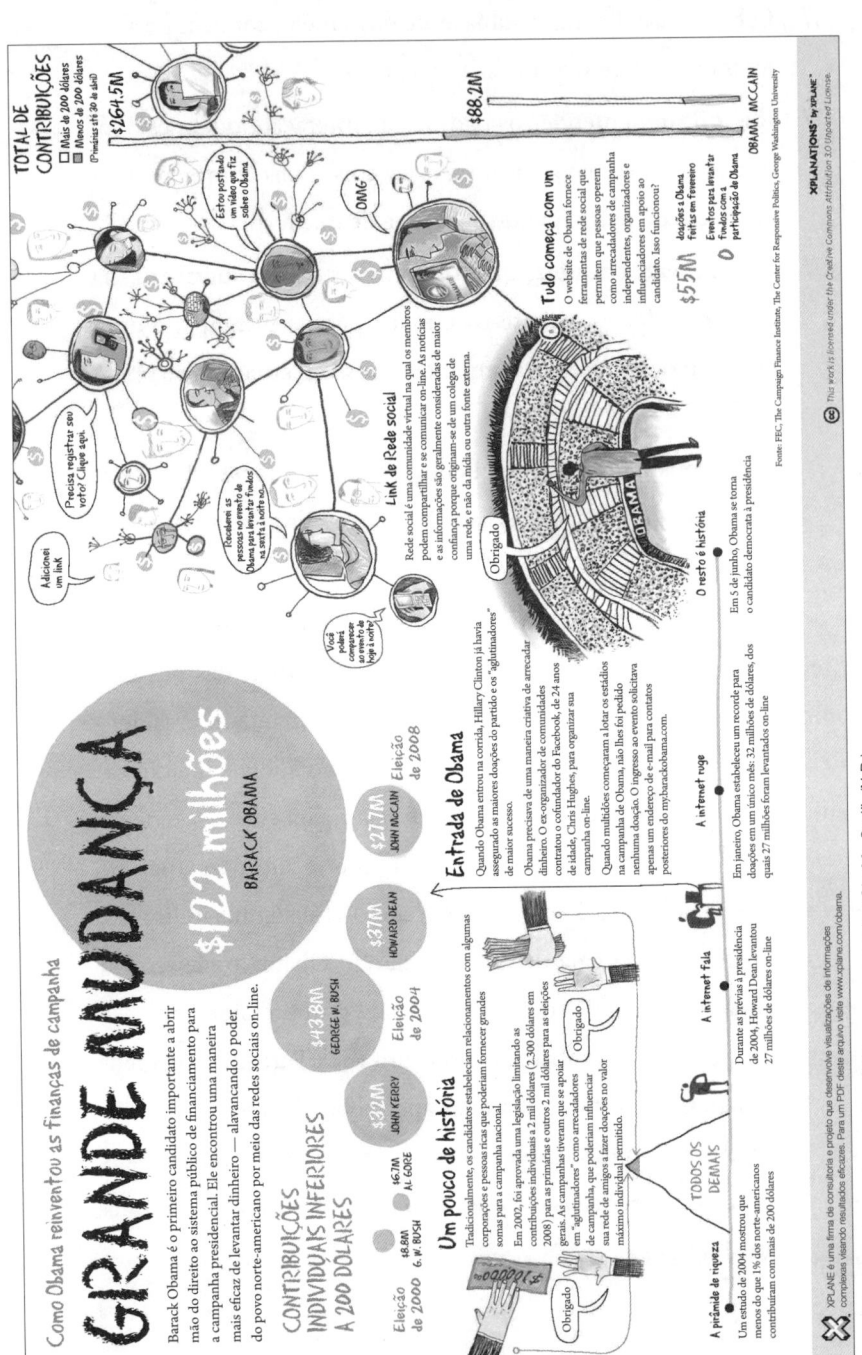

*Abreviatura muito usada na web e SMS para a expressão "Oh, My God". (N.R.)

ERA O AUGE DA BOLHA DO PONTOCOM
E TODOS COMEÇARAM A ENTRAR NO JOGO. ASSIM,
QUANDO UMA DUPLA DE COLEGAS QUE ABANDONARAM
A FACULDADE, SEM ESTUDO FORMAL EM
ADMINISTRAÇÃO, SE JUNTOU EM 2000 COM 500
DÓLARES CADA UM E DECIDIU FUNDAR UMA LOJA DE
CAMISETAS NA WEB, NINGUÉM PRESTOU MUITA

9 // O *CROWDSOURCING* E A CRIAÇÃO CONJUNTA: OPORTUNIDADES NA PRODUÇÃO

atenção. Pelo menos não no começo.

Jeffrey Kalmikoff e Jack Nickell tiveram a ideia de criar sua loja on-line a partir de um concurso de desenhos de camisetas em que Jack concorreu e venceu, por meio de uma comunidade on-line de desenvolvimento e desenho da qual ambos participavam na época. A ideia do concurso ficou acesa em suas cabeças, e eles decidiram usar o mesmo princípio para construir seu próprio concurso de desenhos de camiseta baseado na comunidade existente. Ninguém esperava que esses dois ex-universitários iriam progredir para se tornarem os criadores multimilionários de um novo padrão de produção comunitária na internet.

"Em poucas palavras, nosso negócio é baseado na ideia de 'criação conjunta com o cliente' ou 'inovação pelo usuário' ou '*crowdsourcing*'* ou qualquer outra nova palavra da moda para isto", medita Jeffrey Kalmikoff, cofundador e diretor de criação da loja de varejo on-line Threadless. Depois de se expandir a uma taxa de 3 a 4 vezes ao ano e de se tornar um dos mais populares fabricantes de camisetas da web, a Threadless atingiu uma receita anual de 30 milhões de dólares com uma margem de lucratividade chegando a impressionantes 30%.

Como ilustrado na Figura 9.1, o processo de *crowdsourcing* da Threadless ocorre desta forma: desenhistas experientes, e também os iniciantes, submetem semanalmente mais de mil novos desenhos de camisetas ao website da Threadless. Os usuários têm então uma janela de 7 dias para votar e classificar os projetos. A empresa escolhe, dentre os desenhos submetidos, aqueles que tiveram a maior classificação, para serem impressos em quantidades limitadas a 1.500 unidades. Invariavelmente, cada novo desenho é vendido.

Os desenhistas escolhidos, cujas camisetas são impressas, recebem 2.500 dólares em dinheiro e prêmios; uma soma razoável considerando que alguns desenhos são criados por amadores sem nenhuma experiência profissional. Por sua vez, a comunidade consegue participar do processo de criação e se sente honrada por associação: "É isso aí! Eu votei nesta". A empresa nunca tem que lidar com o risco de uma camiseta ter poucas vendas. Ao bancar vencedores pré-selecionados, a venda de cada desenho é uma certeza.

---

* O *crowdsourcing* é um processo de produção que utiliza a inteligência e os conhecimentos coletivos e voluntários na internet como forma de resolver problemas, criar conteúdo e desenvolver tecnologias. (N.T.)

// **Figura 9.1**

A Threadless representa um jogo de produção conjunta e *crowdsourcing* em que todos vencem.

COMO FUNCIONA?
A cada oportunidade, o site da Threadless encoraja os visitantes a participar, voltar e trazer seus amigos

DESENHISTAS
convidam seus amigos on-line para votar em suas camisetas

AMIGOS
são em geral artistas e submetem seus próprios desenhos

COMPRADORES
ganham créditos de compra ao convidar amigos

USUÁRIOS
fotografados usando as camisetas ganham mais créditos

VISITANTES
voltam ao site para checar novas fotos

Quando a Threadless baseou seu website em criações submetidas pelos usuários, ela estava alavancando a tendência de *crowdsourcing* que havia surgido recentemente. O *crowdsourcing* significa pegar uma tarefa quase sempre concluída por um único profissional — digamos, por exemplo, um desenho de camiseta — e abri-la para contribuições de um grupo não constituído por profissionais. Esse sistema é proporcionalmente de menor custo e fornece uma gama bem maior de opções de escolha do que quando se cria um produto de cada vez. A Threadless usa o *crowdsourcing* como base fundamental de seu modelo de negócio.

O crescente sucesso da varejista on-line fez com que inaugurasse em 2007 sua primeira loja de tijolo e cimento em Chicago, com planos de novas lojas em várias outras localidades por toda a América do Norte, em cidades como Portland, Austin, Toronto e Boston. Uma parente da Threadless, a skinnyCorp, também lançou um site coirmão chamado Naked & Angry [Nu & Irritado] (uma brincadeira com o slogan da Threadless, "Nu nunca mais") usando a mesma base de pontos dos usuários para as submissões de produtos como gravatas e papéis de parede. Surgiu em cena também um bando de imitadores da Threadless, assim como outros modelos de lojas com base em submissão pelos usuários.

"É um conceito simples", diz Kalmikoff: "Quando as pessoas dizem o que querem, você lhes dá".

PESQUISANDO NA MULTIDÃO

> A audiência atual não está apenas ouvindo — ela está participando. De fato, "audiência" é um termo tão antigo quanto recorde; um antiquadamente passivo e o outro antiquadamente físico.
> *William Gibson, autor premiado* (extraído da Revista* Wired, *julho de 2005).*

---

* Gibson, 20 anos atrás, visualizou e profetizou a era da informática escrevendo o clássico *Neuromancer* (e depois *Count zero* e *Monalisa overdrive*), que foi filmado como *Matrix*, em trilogia que teve muito sucesso no Brasil e em outros países do mundo. (N.E.)

Vivemos em um mundo em que um saudável conteúdo amador de alta qualidade vem sendo produzido ao lado do modelo industrial. Existe uma mudança na estrutura de poder tradicional onde qualquer pessoa com acesso à internet, e com uma afinidade pela tecnologia, pode produzir e distribuir um produto ou serviço que concorra diretamente com você e com seu negócio. Sites de impressão sob pedido, como o CafePress ou Spreadshirt, permitem aos usuários inserirem desenhos e abrirem suas próprias lojas de camisetas e acessórios completamente livres de custos. Como observou Gibson, o público não se satisfaz mais em ficar no papel de receptor passivo — as audiências de hoje querem, e cada vez mais esperam, contribuir e participar diretamente.

Os custos decrescentes da tecnologia e a crescente onipresença de softwares baratos e especializados colocaram diretamente nas mãos dos consumidores ferramentas de criação profissional que antes eram inacessíveis. Se no passado o músico precisava pagar taxas extremamente elevadas por equipamento e tempo de estúdio, ferramentas de produção de qualidade quase profissional, como a GarageBand da Apple, vêm agora como padrão nos novos computadores. Isso acontece com os softwares de edição de vídeos e artes gráficas, e implica o aumento do número de pessoas fazendo experiências com essas ferramentas que antes não eram disponíveis, o que, por sua vez, significa que um maior número de pessoas está descobrindo talentos inatos, que de outra forma poderiam nem ser notados.

Se, por um lado, o processo de *crowdsourcing* encoraja a participação e permite a produção coletiva dentro de comunidades grandes e dedicadas, ele simplesmente não funciona se a multidão for pequena. Um grupo de cinquenta desenhistas não profissionais de camisetas dificilmente geraria desenhos de sucesso regularmente. Se a Threadless tivesse iniciado esperando selecionar e imprimir dez desenhos toda semana, teriam fracassado logo de início. Ela teve que começar pequena e construir não apenas a sua credibilidade, mas também a multidão de onde gerar seus desenhos.

Assim, pelo menos para as pequenas empresas, é improvável que o processo de *crowdsourcing* seja uma opção viável. Sem poder usar uma grande comunidade para pedir respostas, é raro um talento que se sustente; então, até um novato pode ocasionalmente acertar um buraco em uma única tacada no golfe; apenas não peça para ele fazer de novo logo em seguida. De forma realista, o *crowdsourcing* é mais bem utilizado em uma das duas seguintes maneiras: (1) situações em que há uma única chance ou (2) por empresas maiores ou empresas com comunidades dedicadas e/ou talentosas.

Crowdsourcing em uma única chance

A companhia canadense de mineração de ouro, Goldcorp, utilizou esse processo em larga escala quando lançou um desafio único em 2000: "Forneceremos a vocês todos os dados sobre uma de nossas regiões mineradoras; vocês nos dizem onde cavar para encontrar ouro". De um lado, a competição atraiu a participação de geólogos de todo o mundo e ofereceu prêmios no valor total de 575 mil dólares. O maior prêmio foi ganho pela Fractal Graphics, uma pequena empresa de consultoria sediada em Perth, Austrália, com uma soma de 105 mil dólares. O ganho líquido da Goldcorp a partir dos dados da competição: mais de 3 bilhões de dólares.

Do outro lado do espectro, o editor Jeff Howe, da *Wired,* usou o *crowdsourcing* para definir a capa da edição do Reino Unido de seu próximo livro sobre — você já adivinhou — *crowdsourcing*. Mais de 150 projetos foram submetidos à análise e o ganhador recebeu um exemplar da primeira edição autografado, a arte da capa emoldurada e um prêmio em dinheiro de 500 libras esterlinas.

Em situações de apenas uma chance, em competições que ocorrem uma única vez, o *crowdsourcing* representa uma fonte de talentos de alto valor com baixo custo. É o prodígio do sucesso único na internet — relativamente fácil de conseguir uma vez, incrivelmente difícil de alcançar sempre. As redes sociais fornecem uma vasta fonte de talento potencial para criar seu próprio prodígio em uma única tacada. Quando estiver criando um novo produto ou buscando melhorias em uma oferta existente, considere a dedicação e o talento de sua comunidade antes de sair pagando um alto valor por um especialista. Se estiver buscando fazer uma máquina de café melhor, amplie a paixão que os consumidores têm por seu produto pedindo-lhes sugestões. Desenvolva um produto melhor obtendo conselhos das pessoas que o usam regularmente.

Crowdsourcing em uma comunidade dedicada

A outra opção viável para o *crowdsourcing* só funciona se você tiver uma comunidade grande e/ou dedicada — e, mesmo assim, tendo ciência de que isso apresenta seus riscos. O *crowdsourcing* será mais bem utilizado se sua comunidade tiver uma real paixão pelo que está sendo criado. Para desenvolver um negócio sustentável, baseado em contribuições dos usuários, você precisa ter uma comunidade que possua um talento incomum ou que seja grande o suficiente para gerar consistentemente participações de qualidade.

Um dos mais recentes lançamentos neste campo é a Ryz, organizada de forma similar à Threadless, mas que usa tênis no lugar de camisetas. Embora o site estivesse apenas começando na época da publicação deste livro, ele já havia criado vários desenhos de tênis de sucesso e ensejado participações com elevada qualidade de maneira consistente. A Ryz alavancou a tendência urbana atual de tênis desenhados pelos clientes para atrair desenhistas talentosos ao seu processo de participação. Da mesma forma que a Threadless, os desenhistas vitoriosos recebem um prêmio em dinheiro. Ao contrário da Threadless, o concurso não é contínuo — a Ryz não construiu ainda um público suficientemente grande para manter suas portas abertas o tempo todo, o que provavelmente mudará assim que se espalhar o reconhecimento e tanto usuários como compradores afluírem ao site em números crescentes.

OS GIGANTES DA CRIAÇÃO CONJUNTA

Uma vez Isaac Newton escreveu humildemente: "Se pude enxergar mais longe foi porque me apoiei sobre os ombros de gigantes". Newton compreendeu que todos os conceitos novos são desenvolvidos com base em conceitos preexistentes; se ele criou novas teorias foi porque teve capacidade de construí-las sobre as teorias já existentes de seus predecessores. Eles haviam erigido os conceitos fundamentais sobre os quais Newton foi capaz de se erguer para ver novas terras ainda não exploradas. Em outras palavras, os predecessores lhe deram o básico; ele apenas elaborou sobre eles.

O conceito de criação conjunta opera de forma semelhante. É um pouco parecido com aqueles grupos de projetos com os quais você trabalhava na época do colégio. Joe era o melhor escritor, Jane era a melhor pesquisadora e você era o melhor apresentador. Como grupo vocês dividiam e conquistavam focando em seus pontos fortes e, depois, combinando esses pontos para formar um todo melhor. Em vez de se apoiar em uma única pessoa para fazer todo o trabalho, vocês combinavam seus esforços para chegar a um produto final de qualidade. Da mesma maneira, separando o desenvolvimento de um projeto em suas partes constituintes, você pode criar um todo que é maior do que a soma de suas partes.

Em geral, a expressão "criação conjunta" é usada como sinônimo de *crowdsourcing*, mas as duas carregam conotações diferentes. Embora as duas se refiram a usar a inteligência e o talento de grupos para criar um produto final melhor, cada uma chega a isso de maneiras diferentes. O *crowdsourcing* envolve a solicitação de ideias de um grande grupo de pessoas para no final escolher o melhor produto entre os apresentados. Já a criação conjunta solicita que um grupo de pessoas trabalhe *em conjunto* na criação do melhor produto final. No *crowdsourcing* cada pessoa trabalha *individualmente* no produto final e a melhor opinião vence. Na criação conjunta um grupo de pessoas se reúne e cada um se concentra em um diferente elemento, para finalmente combinar seus talentos na produção da melhor solução coletiva.

A criação conjunta está no centro do movimento do software com código aberto, onde os usuários têm livre acesso à programação de pedaços do software, e podem apresentar suas próprias mudanças e melhorias para aprovação. O melhor exemplo de criação conjunta talvez seja o Mozilla Firefox, o browser da web de código aberto que vem lenta, mas firmemente, tirando pedaços da que já foi uma absoluta liderança do Internet Explorer, da Microsoft. O Firefox baseia muito de seu desenvolvimento na participação de pessoas leais que contribuem com atualizações na forma de pequenos ajustes no programa de código aberto, bem como na forma de extensões e acréscimos. Esses desenvolvedores autosselecionados trabalham longas horas para melhorar o produto que amam, e o apoiam tendo como única compensação o reconhecimento de seus colegas e a satisfação de um serviço bem feito.

TRABALHANDO COM SUA COMUNIDADE

"A chave para manter uma boa comunidade é a honestidade", diz o cofundador da Threadless, Jeffrey Kalmikoff. "Nossa comunidade é como qualquer outra. Poderíamos até dar dinheiro de graça e alguém reclamaria. Fazemos mudanças no site e algumas pessoas não gostam. A chave é permanecer transparente e deixar que a comunidade saiba o que está acontecendo. Nós podemos fazer qualquer coisa, desde que as pessoas sintam como se fizessem parte disso e ainda possam emitir sua opinião (o que fazem de fato) sobre o que está ocorrendo".

Esta sensação de propriedade é exatamente o que impele as pessoas a participar em plataformas de *crowdsourcing* e criação conjunta com pouco ou nenhum benefício financeiro. Assim como a estratégia de criação conjunta de Obama pavimentou seu caminho para a presidência, sua iniciativa participativa do *change.gov* e o pioneiro discurso semanal à nação por meio do YouTube estão ajudando a modelar uma nova fórmula de processo político. Na política e nos negócios, o ganho real vem quando pessoas ávidas e dedicadas se reúnem e trabalham por um objetivo final em que podem confiar e acreditar.

Quando estiver desenvolvendo suas próprias iniciativas, considere vários fatores antes de se comprometer:

// Sua comunidade é suficientemente dedicada para oferecer contribuições úteis e significativas?

// É grande o bastante para poder fornecer um valor original?
// Faz sentido examinar suas ofertas por meio da comunidade antes de liberá-las publicamente?
// Sua comunidade é suficientemente envolvida para fornecer ideias valiosas?
// Quais são as melhores perguntas que você pode fazer à sua comunidade para gerar valor tangível e real?

Conceitos como *crowdsourcing* e redes de criação conjunta são quase sempre considerados ineficazes e inúteis pelos grandes instrumentos de mídia, mas, em grande parte, a razão para esse retrato está na imensa quantidade de empresas que tenta usar os conceitos sem primeiro raciocinar, considerando tanto os benefícios como as consequências. São conceitos que, quando utilizados corretamente, têm o potencial de gerar um valor enorme e permanente com um mínimo de investimento. Faça sua pesquisa antes de seguir adiante e, se decidir continuar, certifique-se de saber exatamente como e por quê. Como sempre, seja genuíno e, se estiver pedindo à sua comunidade para lhe dar algo, procure ter algo que eles valorizem para lhes dar em troca. Se usado corretamente, o *crowdsourcing* e a criação conjunta representam algumas das maiores taxas de retorno sobre o investimento (ROI, na sigla em inglês) que existem hoje. Como descobriu o presidente Obama em sua histórica nomeação à presidência:

"Nada pode ficar no caminho de milhões de pessoas pedindo por mudança!".

OS GEEKS [AFICIONADOS] EM APARELHOS DE SOM QUE ESTAVAM EM UMA LOJA NÃO TINHAM IDEIA DO QUE ACONTECIA EM OUTRA. COMO OS ALTO-FALANTES DE CARRO COAXIAIS PIONEER DE 6 1/2 POLEGADAS TS-D1602R COM KEVLAR E CONES WOOFER DE BASALTO PODIAM SER COMPARADOS COM OS ALTO-FALANTES DE CARRO DE 6 1/2 POLEGADAS XS-GT1625A DA SONY COM CONES WOOFER HOP?

10 // ABRINDO OS CANAIS, DENTRO E FORA: OPORTUNIDADES NA COMUNICAÇÃO

Com certeza uma distinção importante.

Quando a subsidiária da Best Buy, Geek Squad, decidiu introduzir um wiki interno (uma ferramenta colaborativa onde todos que possuem acesso podem partilhar e modificar informações) entre seus 11 mil empregados, os poderes constituídos realmente não tinham ideia de como os funcionários iriam usá-lo.

O fato assustador de investir em uma rede social interna, e de encorajar os empregados a usá-la, é que a interação parece ser totalmente aleatória, até mesmo caótica. Logicamente, você pensaria que essa iniciativa iria resultar apenas em membros da equipe fazendo bagunça o tempo todo em vez de fazer aquilo para o qual estão sendo pagos (isto é, suas obrigações no emprego). Você também pensaria que todo este tempo jogado afetaria seriamente a produtividade. Mas a Best Buy e a Geek Squad decidiram que, para o bem ou para o mal, estavam dispostos a abraçar a experiência e a incerteza inerente em sua nova rede interna. Eles simplesmente introduziram suas novas ferramentas sociais e as promoveram para ver o que aconteceria.

Porém, no final, contrariamente ao que se poderia esperar, a produtividade dos empregados não caiu. O que aconteceu após a implantação foi que alguns usuários começaram a fazer páginas sobre suas próprias lojas, enquanto outros prepararam páginas a respeito de questões de prestação de serviços ao cliente. Na realidade, a produtividade de fato *aumentou* à medida que mais páginas foram sendo adicionadas.

O padrão que emergiu se baseia em uma observação aparentemente óbvia, mas ainda assim perspicaz: os especialistas *adoram* compartilhar seus conhecimentos com outros. Para a Geek Squad, significou que os geeks em aparelhos de som, que sabiam tudo a respeito do sistema estéreo da Pioneer, podiam agora compartilhar informações com os geeks em aparelhos de som que conheciam tudo que se poderia imaginar a respeito dos sistemas estéreos da Sony. Como me explicou meu amigo Jimmy Wales, até que fosse lançado o wiki da empresa, os geeks de marcas opostas não tinham como compartilhar suas experiências, muito menos obter crédito por esse conhecimento dentro da companhia. Atualmente, quando uma loja Best Buy não tem nenhum geek em aparelhos de som à disposição com o conhecimento próprio sobre o último subwoofer da Pioneer, qualquer empregado da Best Buy pode entrar no wiki da empresa para se contatar com o geek interno e achar as recomendações aos clientes (e para aprender ao mesmo tempo).

Abrindo os canais, dentro e fora //

Mas, em primeiro lugar, por que é que a Best Buy iria investir em uma rede social? Eles já representavam uma marca com credibilidade e muitos clientes leais. Por que uma marca bastante respeitada como a Best Buy sentiria a necessidade de abraçar um meio tão caótico e imprevisível? Para responder a essa questão, voltei-me novamente a Jimmy, que sugeriu que eu tentasse imaginar como as coisas costumavam ser conduzidas. Nos velhos tempos, os geeks em aparelhos de som da marca Sony que trabalhavam na Best Buy da cidade de Nova York não tinham como entrar em contato com o geek em aparelhos de som da Pioneer trabalhando na Best Buy de Palo Alto (principalmente se fossem 10 horas da manhã no horário do leste e ninguém ainda tivesse chegado à loja da Califórnia). Que a verdade seja dita: a diferença no fuso horário nunca entrou em jogo — a realidade é que nenhum dos geeks tinha alguma ideia de que o outro realmente existisse. O máximo que poderiam fazer era dizer alguma coisa ao gerente, esperando que este passasse para outro gerente. Se realmente tivessem sorte, suas mensagens poderiam chegar aos escritórios centrais. Se estivessem *realmente* motivados, poderiam inclusive enviar um relatório a respeito. Na realidade corporativa, esse tipo de coisa simplesmente não acontece. Naquela época, a Best Buy não possuía um fluxo de informações especializadas dentro da empresa. Os especialistas estavam por lá, mas estavam muito isolados.

Hoje, a comunidade interna estimulada pela Best Buy e pela Geek Squad fornece benefícios reais e tangíveis para seus clientes externos. Também contribui para o moral dando aos empregados a sensação de que estão adicionando valor que vai além do escopo de seus empregos. A mudança do fluxo de informações também é radical porque é inteiramente de baixo para cima. Não se trata mais do que alguém nos escritórios corporativos pensa que os clientes precisem saber. Agora diz respeito aos empregados na linha de frente que diariamente interagem com os clientes. De qualquer forma, se as questões que os clientes lhes fazem não estiverem ainda no guia oficial do consumidor da Best Buy, é bastante provável que os escritórios centrais não tenham a mínima ideia de como respondê-las.

A Best Buy compreendeu que seu sistema hierárquico tradicional representava uma total perda de energia humana. Tudo o que fazia era promover a redundância. Se for a uma loja agora, acabarei com muito mais informações sobre o som estéreo em que estou interessado do que algum dia poderia ter obtido antes desse novo sistema. É por isso que com as novas ferramentas internas da Best Buy os empregados têm maior capacidade de se autoeducar, o que nunca havia acontecido antes. Esta autoeducação da parte dos empregados faz com que eu tenha uma melhor experiência dentro da loja, resultando por sua vez em uma crescente associação positiva com a marca da empresa. Assim como no caso do sistema de produção conjunta da Threadless, o wiki interno da Best Buy representa uma situação em que todos ganham (*empresa-loja-cliente*).

"UMA VISÃO DE DENTRO DAS ENTRANHAS DE UMA EMPRESA GLOBAL"

> A produtividade vem após a conexão: a produtividade em rede triunfa sobre a produtividade individual.
> *Steve Boyd*

Eles já estavam fazendo no Facebook. Mais de 4 mil empregados criaram sozinhos e se reuniram voluntariamente em um grupo na plataforma da popular rede social para se conectar e discutir sobre seu empregador. O problema era que seu empregador não estava em lugar algum. Como observou Richard Dennison, chefe de mídia social da BT (antiga British Telecom) e desenvolvedor-chave da estratégia de gerenciamento do conhecimento de grupo da empresa, em um post no blog: "se isso não for um chamado por uma maior colaboração, não é nada!".

Sob o comando de Dennison, a BT prosseguiria para se tornar um estudo de caso sobre a adoção bem-sucedida de ferramentas de mídia social. O conjunto de robustas ferramentas de colaboração interna da BT incluía o BTpedia, um wiki com alcance em toda a empresa que permitia aos empregados publicar e editar artigos; uma ferramenta para blog que acabou hospedando mais de 300 blogs logo nas primeiras semanas de seu lançamento; e uma poderosa ferramenta de rede social com base em perfis chamada MyPages. Foi o MyPages que permitiu aos usuários criarem páginas na web, inserirem fotos, blog e se conectarem com outros dentro da organização; e isso fez com que as taxas de adoção subissem quase imediatamente.

Em seu blog "Inside out" ["De dentro para fora"], autodescrito como "uma visão de dentro das entranhas de uma empresa global", Dennison dá alguns conselhos para empresas que estão procurando começar com suas próprias ferramentas de mídia social: "Começar a percorrer esta estrada por conta própria é bastante difícil... aproveitar o entusiasmo dos mais animados torna a viagem muito menos solitária. A mídia social é um fenômeno de 'baixo para cima'.... reúna alguns para conspirar em conjunto e deixe que a revolução comece!".

ABRINDO-SE PARA SUA COMUNIDADE

Tanto a BT quanto a Best Buy puderam alavancar com sucesso as ferramentas de mídia social para facilitar a comunicação interna entre empregados dispersos em lugares e departamentos diferentes. A melhoria da comunicação interna se traduziu, em última instância, em um ambiente de trabalho mais eficaz e um melhor serviço aos consumidores. Assim, por que não usar estas mesmas ferramentas para permitir à sua comunidade se conectar e compartilhar informações?

Com mais de 16 milhões de inscritos, e crescendo, a World of Warcraft (WoW)* é, sem dúvida, uma das mais fortemente unidas comunidades da web. Com mais de 57 mil artigos, e ainda aumentando, o WoWWiki gerado pelos usuários é o lugar que você deve procurar para descobrir a diferença entre os Silverwing Sentinels of Ashenvale e os Hydraxian Waterlords of Azshara.

Agora imagine que você fosse uma empresa tentando gerar todo este conteúdo em torno do WoW: seria uma árdua batalha de 57 mil artigos. Imagine também tentar gerar conteúdo de que os clientes gostem em vez de fazer com base no que alguém do escritório *pensa* que eles gostariam. Estes tipos de comunidades não querem estar em um wiki dirigido por uma empresa, ou em uma rede social intermediada para esse fim. É preciso um tipo especial de empresa que tenha suficiente confiança em sua comunidade, a fim de permitir que ela expresse livremente suas opiniões, quaisquer que sejam. É com este nível de confiança na comunidade que ela se sente capacitada a participar abertamente. E de fato eles participam — de acordo com o site de classificação da internet Alexia, o WoWWiki (pertencente à rede Wikia) é um dos mil maiores websites do mundo.

---

* World of Warcraft é um jogo de computador que permite a milhares de jogadores criarem personagens em um mundo virtual dinâmico, em tempo real, na internet. O jogo é produzido pela Blizzard e ocorre no mundo fantástico de Azeroth. Joga-se em um programa-cliente ligado a uma rede de servidores. O acesso é pago e requer uma chave original que acompanha o produto. (N.T.)

Do outro lado do espectro está o wiki oficial da série de sucesso da rede americana ABC de TV, *Lost*. A popularidade do programa está crescendo e você poderia pensar que seu wiki seria um dos mais populares da web. O problema é que as pessoas realmente não gostam dele; preferem usar um dos dois wikis do *Lost* mantidos pelos fãs. As informações no wiki da ABC simplesmente não são tão boas, e os usuários chegaram inclusive a acusar a empresa de censurar reclamações ou críticas contra o programa ou seus roteiristas. De fato, o FAQ* oficial do wiki se reserva o direito de deletar posts que não estejam de acordo com seu "Código de Conduta" ou com os "Termos de Uso" da *ABC.com*. A ABC insiste que todos os retornos têm que ser positivos e em apoio ao programa, porque esta é a forma como os executivos da rede de TV pensam que um website oficial deveria funcionar. A reação da comunidade foi previsível: "Quero escrever sobre *Lost*, mas não quero ficar sujeito aos caprichos da empresa".

A independência é um elemento-chave para a manutenção de uma próspera comunidade. Sem a liberdade para expressar abertamente suas opiniões, a comunidade seguirá adiante até encontrar um local onde possam fazê-lo. E, como a ABC descobriu, não há falta de opções.

PROMOVENDO UMA MELHOR COMUNICAÇÃO

O que Geek Squad, BT, World of Warcraft e ABC têm em comum? Em primeiro lugar, fizeram experiências com novas tecnologias sociais e criaram ofertas personalizadas às suas comunidades, sendo que todas — exceto o wiki do *Lost* da ABC, que não foi bem-sucedido — passaram com sucesso. Olhe um pouco mais de perto e você notará

---

* *Frequently Asked Questions* — perguntas mais frequentes. (N.T.)

que a real conexão que elas partilham está por trás de seu uso da tecnologia e em uma decisão que todas tomaram: Vamos abrir nossos canais de comunicação e ver aonde isto nos leva.

Quando for decidir como fazer o melhor uso de ferramentas de rede social preexistentes ou personalizadas para melhorar a comunicação, sua melhor abordagem é simplesmente ignorá-las — pelo menos a princípio. Considere o que está buscando melhorar e o que espera ganhar promovendo uma maior interação. Você quer abrir os canais de comunicação dentro da empresa, ou você quer prover seus clientes com uma melhor maneira de se comunicar entre si? Você está procurando criar uma comunidade dedicada ou apenas buscando uma melhor maneira de compartilhar informações? Somente depois de haver respondido a essas questões e tomado sua decisão é que você deveria começar a olhar quais ferramentas estão disponíveis para ajudá-lo na execução.

Se você estiver procurando melhorar o fluxo interno de comunicações, o wiki seria uma boa opção. Entretanto, antes de mergulhar na solução, pergunte a si mesmo se os empregados estão realmente propensos a usá-la; porém, se o fizerem, desperdiçarão seu tempo com ela ou usarão de maneira produtiva? Que informações você quer compartilhar? Não haveria outra maneira de fazê-lo?

Externamente, certifique-se em todos os momentos de manter em mente as motivações reais de sua comunidade. Como Jimmy me alertou, enquanto é possível ver uma comunidade dedicada se formar em torno de uma comunidade preexistente apaixonada, como o World of Warcraft, o que você não vê é todo um wiki se formando em torno de uma empresa, como a gigante norte-americana do varejo Costco.

Não são muitas as pessoas no mundo tão obcecadas com a Costco que precisem de uma comunidade para falar a respeito disso. Apenas porque você gosta de fazer compras na loja da Costco não significa que esteja particularmente interessado em discutir a empresa Costco. Onde a empresa poderia se beneficiar de uma plataforma de rede social é proporcionando um fórum de discussão sobre os produtos que eles oferecem. Ligue os grupos populares de discussão a descontos na loja e, de repente, os consumidores terão um motivo para se cadastrar e falar sobre seus produtos favoritos.

Como sempre, seja autêntico em sua oferta. Você não pode forçar uma discussão, assim como não pode forçar uma compra. Tenha em mente também que o fato de construir uma ferramenta pensando em uma comunidade específica não implica necessariamente prever quem de verdade irá usá-la, como descobriu a rede social Orkut, baseada nos EUA, quando foi tomada por usuários do Brasil e da Índia. Lembre-se apenas de que qualquer comunidade dedicada é valiosa desde que se mantenha ativa e apaixonada. Embora não possa controlar quem se envolverá em sua comunidade on-line, você pode encorajar essas pessoas a voltar sempre e a contar para os amigos. Crie um sistema em que você possa se engajar em um diálogo com os participantes, que lhe permita distinguir as necessidades dos diversos membros de sua comunidade e permaneça suficientemente flexível para ouvir suas recomendações, implantando rapidamente as sugestões de mudanças mais comuns. Cabe a você abrir os canais de comunicação. Cabe aos seus empregados e aos membros da comunidade estabelecer a comunicação.

ELE FOI BEM-SUCEDIDO COMO VICE-PRESIDENTE DOS ESTADOS UNIDOS POR 8 ANOS, E, PARA MUITOS, ISSO JÁ SERIA SUFICIENTE. PORÉM, NÃO PARA AL GORE. QUANDO CONCORREU À PRESIDÊNCIA, NÃO CONSEGUIU VOLTAR PARA A SALA OVAL. GORE TENTOU, PERDEU, E,

11 // O SUCESSO ESTÁ ONDE VOCÊ O ENCONTRA

se fôssemos acreditar no romancista E. Scott Fitzgerald, a história acabaria aí: "Não existe segundo ato na vida dos norte-americanos". Na época de Fitzgerald, se algo dava errado na carreira escolhida por uma pessoa, não haveria uma segunda chance para recomeçar. Hoje os segundos atos são possíveis e realmente acontecem. Basta perguntar para Britney Spears ou Robert Downey Jr.

Na eleição presidencial dos Estados Unidos de 2000, Al Gore venceu em voto popular, mas, no final, graças a uma decisão proferida pela Suprema Corte, perdeu para o candidato republicano George W. Bush. A derrota foi humilhante, mas por meio dela Gore aprenderia uma inestimável lição que, em última instância, o ajudaria a mudar o rumo da história. Com a derrota do político Gore, o homem Gore pôde parar de pensar sobre como achavam que ele deveria agir e começar apenas a ser ele mesmo.

Apesar do desapontamento em sua eleição, Al Gore nunca desistiu da ideia de que tinha uma contribuição de valor para fazer ao mundo. Com este pensamento fixo, escolheu perseverar em um assunto no qual era profundamente apaixonado. Em 2002, com a dor do fracasso ainda um pouco presente, Gore começou a se dirigir às comunidades sobre a questão do aquecimento global. Na primeira de suas apresentações, deparou-se com uma provocação infantil dos meios de comunicação visando sua recém-cultivada e não característica barba. Com barba ou não, o que as plateias de Gore viram foi um homem perspicaz e autêntico que colocou seu ego de lado em prol de um assunto muito maior.

O aquecimento global vinha sendo um assunto da pauta do dia, visto com bastante ceticismo por parte de muitos norte-americanos. Gore foi capaz de mudar tudo isso, trazendo diretamente ao público o assunto sobre o qual vinha sendo criticado. Uma confluência de fatores contribuiu para o sucesso da campanha de Gore em torno da mudança climática global, sobretudo porque simplesmente era uma ideia cujo momento havia chegado. Além disso, o assunto do aquecimento global havia encontrado um novo defensor, alguém que havia aprendido a usar sua voz verdadeira para ampliar sua rede pessoal em expansão e difundir sua mensagem dentro da cultura em geral.

Depois do sucesso inicial de suas apresentações, Gore passou a construir um mecanismo de transmissão e de distribuição em banda larga chamado Current TV. A Current apoiou-se nos mesmos métodos de construção de comunidades populares que ele esperava alcançar e se tornou o veículo por meio do qual Gore, pela primeira vez, pôde finalmente se tornar ele mesmo e encontrar sua própria voz. O formato da programação na rede foi feito por pessoas para as pessoas. O conteúdo consistia de histórias e comerciais que, ecoando os sistemas de *crowdsourcing* como o Threadless, eram submetidos e votados por uma dedicada comunidade on-line. A recém-adquirida habilidade de Gore para refletir e afetar a cultura em geral teria um importante papel no que se tornaria seu próximo grande desafio.

Com um pouco de ajuda de seus amigos, ele dispensou aquela antiga questão ambiental da agenda política e ajudou a remodelá-la em uma crise climática global com todas as suas variáveis. Ele também fortaleceu as pessoas em todos os lugares para que sentissem que poderiam de fato *fazer* algo a respeito. Voluntariamente, Gore se colocou no centro desta crise para galvanizar e cativar um público ávido e participativo. Esta disponibilidade ajudou muito no aumento de sua habilidade para influenciar o mundo em geral.

Talvez a verdadeira chave para o sucesso de Gore em criar uma consciência generalizada tenha sido uma combinação de sua habilidade de, por um lado, comunicar apaixonada e convincentemente o que sabia e, por outro lado, a perspicaz capacidade de disseminar a mensagem por meio de sua vasta rede social pessoal, assim como para a multidão de pessoas que o conhecia. Em outras palavras, foi capaz de espalhar sua mensagem para longe, fazendo uso tanto de seu capital social como de seu capital cultural. A aceitação da população em geral cresceu organicamente à medida que sua mensagem foi chegando às pessoas onde quer que estivessem: nos cinemas, nas bancas de revistas e por meio dos métodos on-line, incluindo plataformas de rede social e vídeos espalhados de maneira viral. As centenas de aparições pessoais de Gore em centros comunitários, igrejas e escolas ajudaram a alimentar ainda mais este crescimento com incontáveis ciclos de retorno positivo. Ao longo de toda sua cruzada pessoal, Gore injetou com sucesso a consciência e um senso de urgência em um assunto que já estava na mesa de debate havia décadas. Ele conseguiu chegar às pessoas de uma ampla variedade de espectros — democratas e republicanos, assim como jovens e velhos — galvanizando-os em torno de uma única ideia. O próprio Al Gore se tornou uma centelha criativa de mudança positiva.

Em fevereiro de 2006, alguns meses antes da primeira exibição de *Uma verdade inconveniente*, um documentário baseado em suas apresentações originais em PowerPoint, Al Gore se colocou de frente a algumas das pessoas mais bem conectadas no mundo, no palco de um familiar auditório em Monterey. Diante da plateia reunida para mais uma conferência anual da TED, Gore passou uma versão atualizada da mesma apresentação sobre a crise climática que inspirou seu filme. Era esse divertido e apaixonado palestrante, que deu nova vida a uma indigesta apresentação de slides, o mesmo homem que havia sido descrito poucos anos antes como "enfadonho" e "chato"? E mais importante ainda: a comunidade da TED iria aceitar e apoiar a mensagem de Gore?

Lawrence Bender, o produtor do documentário, estava na plateia para ouvir a palestra e lembra vividamente daquele dia, assim como June Cohen: "A comunidade da TED foi incrivelmente influente em espalhar o filme para a sociedade. Além do boca a boca, os seus participantes doaram seu tempo, dinheiro e espaço grátis na mídia para a promoção do filme". A TED também promoveu duas exibições privadas antes do lançamento oficial nos cinemas para começar a desencadear o ciclo do retorno. Enquanto isso, os fundadores do Google, também membros da TED, fizeram várias exibições privadas para todos os seus 10 mil empregados. Outro proeminente membro da TED, e forte patrocinador das causas ambientais e de conservação, ministro Rick Warren, convenceu muitas igrejas por todos os EUA a exibir o filme e espalhar as notícias para seus seguidores. O documentário seguiu de mão em mão, de perfil a perfil e, no final daquele ano, ganhou o Oscar de Melhor Documentário.

Ainda aproveitando o momento de sua crescente influência, Gore organizou com sucesso o Live Earth, uma sequência de 24 horas de shows pelos sete continentes visando despertar a consciência global a respeito das mudanças climáticas. Em outubro de 2007, Albert Arnold "Al" Gore ganhou o Prêmio Nobel da Paz por seus esforços em liderar o mundo para reconhecer, publicamente e de uma vez por todas, a existência e a importância da questão da mudança climática global. Ele não teve apenas sucesso em seu segundo ato — este foi tão impressionante que acabou interrompendo o espetáculo por conta dos aplausos do público.

DE UMA MODA PASSAGEIRA A UMA VERDADE INEVITÁVEL

Nas últimas décadas, a internet surgiu do nada e vagarosamente se infiltrou na maneira como quase todas as empresas fazem negócios no mundo. Ela foi de moda passageira a uma influência observada para tornar-se uma verdade inevitável. Há pouquíssimo tempo, cerca de 10 anos, muitas empresas ainda estavam relutantes em fornecer um e-mail universal e acesso à internet para todos os empregados. Hoje, o que parecia ser uma tendência passageira tornou-se um fato do qual não se pode escapar. Quem poderia negar que, para competir no mercado moderno, você necessariamente tem que estar on-line e oferecer aos empregados o acesso ao e-mail e à internet? Então, novamente, estamos entendidos.

As empresas que verdadeiramente e de forma esmagadora tiveram sucesso no campo on-line são aquelas que reconheceram e capitalizaram com base nas tendências em um momento no qual poucas sequer percebiam que elas existiam. A bolha do pontocom veio e se foi, mas as ferramentas e habilidades a partir da qual elas foram geradas passaram a integrar totalmente o nosso dia a dia nos negócios e em nossas vidas pessoais. No âmago disto a mensagem é simples: você precisa de tecnologia para competir.

Na maioria das vezes as redes sociais são categorizadas da mesma forma como foram os primeiros empreendimentos na internet: fogo de palha, modismo temporário, um capricho passageiro destinado a ficar pelo caminho. Contudo as empresas caíram em idêntica armadilha apenas uma década atrás.

A dificuldade em capitalizar sobre as redes sociais reside no fato de considerá-las modismo em vez de vê-las como uma nova forma por meio da qual os negócios serão conduzidos no futuro. Hoje, ninguém aposta na glória do sistema de e-mail, assim como ninguém na atualidade é um fanático adepto do telefone. Quando o sistema se torna onipresente, a tecnologia anterior, no mínimo, para de ter importância. Quando se pega um telefone para chamar um parceiro nos negócios do outro lado do mundo, ninguém nunca para e pensa: "Nossa! Essa coisa de telefone é realmente fantástica!". A tecnologia se desvaneceu no pano de fundo e a sua importância ficou totalmente atrelada à comunicação que ela facilita. Em outras palavras, a forma como o telefone funciona se tornou completamente sem importância — desde que eu consiga ligar para meu vendedor em Pequim, a sequência de transmissões via satélite que, de fato, possibilita esta chamada não tem a menor importância.

Da mesma forma, quando entramos em uma rede social pela primeira vez, não conseguimos deixar de nos concentrar em como esta nova ferramenta é fantástica. Ainda assim, depois de semanas e meses de uso contínuo, a ferramenta em si se desvanece e finalmente para de ter qualquer importância. Entrar no Facebook ou no LinkedIn para checar o status de sua rede deixa de ser uma nova capacidade proporcionada por uma fantástica nova tecnologia e simplesmente se torna uma ferramenta essencial para manter o contato com os amigos e os colegas. Às vezes você para de pensar sobre o fato de estar usando uma rede social; tudo que você sabe é que vai verificar o que está acontecendo com todo mundo hoje.

XEQUE-MATE

> No novo, e ainda em desenvolvimento, mundo on-line, o maior dinamismo não vai para o candidato com o plano mais detalhado para conquistar a web, mas, sim, para aquele que entrega sua imagem para as massas que clicam, da mesma forma como um guitarrista de rock pode cair de costas do palco nas mãos de uma multidão que o adora.
> Matt Bai (New York Times Magazine, *9 de dezembro de 2007, "A campanha dos usuários da web"*).

Quando executa pessoalmente uma estratégia de rede social ou contrata alguém para fortalecer sua comunidade por meio de iniciativas de rede social, você aumenta o ROI interno e externo de sua empresa e dá um salto em relação à concorrência. As ferramentas sociais estendem as habilidades sociais básicas e permitem que pró-ativos homens de negócios construam comunidades que melhor conectam empregados e clientes entre si e uns com os outros. Colocando você e a sua empresa no centro de seu universo imediato, é permitido acesso às mais recentes e melhores informações, e facilita-se uma melhor e mais eficaz comunicação com todos à sua volta. Assim, o legado do pensamento transmitido nas escolas de administração é emoldurado com novas ideias e novas medidas de sucesso. Ao construir capital social, cultural e financeiro por meio da ampliação da sua marca de celebridade virtual e do uso bem-sucedido dos ciclos de retorno, você será capaz de dar um passo adiante. Considere a excelente chance que se tornou possível por meio da rede social na internet para os negócios: assuma a liderança, estabeleça o padrão corporativo para o sucesso e reinvente o legado do pensamento para seu setor.

A rede social lhe oferece a oportunidade de se tornar um especialista em seu campo e permite que tanto as pessoas próximas como as distantes saibam de você e do que você faz. Tornar suas conexões mais visíveis e mais facilmente disponíveis pode aumentar seu alcance e criar uma consciência da marca, o que quer dizer que quanto mais você afeta a cultura, mais atrai capital financeiro? A resposta é sim... até determinado ponto. Entretanto, assim como você não consegue fazer uma correlação direta entre o número de pessoas que comprará seu produto e o montante de dinheiro gasto em marketing e na construção da marca no mundo real, você não consegue correlacionar diretamente as vendas com sua presença on-line. Qualquer que seja sua estratégia, sempre tenha uma regra em mente: o sucesso começa ao adicionar valor à sua comunidade.

Estratégias de rede social, assim como estratégias gerais de internet e, antes delas, estratégias on-line, não são como uma máquina caça-níqueis, e sim como um jogo de xadrez. Talvez um único movimento não fará a fortuna cair direto em seu colo. Porém, em última instância, planejar cuidadosamente seus movimentos e ser capaz de pensar alguns lances à frente recompensará de uma maneira muito maior, mais significativa e, ainda mais importante, mais duradoura do que um único lance de sorte ocasional. Uma máquina caça-níqueis é uma questão de sorte; um jogo de xadrez implica fazer o melhor uso da estratégia diante das possibilidades e oportunidades disponíveis. Agora cabe a você chegar lá e fazer seu primeiro movimento.

... Que vençam os melhores.

// GLOSSÁRIO

33millionpeople.com: Blog onde as ideias contidas neste livro são discutidas e novas possibilidades são examinadas. Um espaço on-line onde a comunidade *33 milhões de pessoas na sua rede de contatos* (isto é, você junto com pessoas que contribuíram para o livro e outros importantes líderes de negócios) compartilha estratégias, táticas e histórias de sucesso em redes sociais para os negócios.

Amigo: *Ver Conexão.*

Aplicativo móvel: Em redes sociais refere-se a um aplicativo que fornece acesso limitado a uma dada funcionalidade da rede social por meio dos celulares ou dispositivos móveis.

Atualização de status: A descrição de suas atividades ou pensamentos em uma ou duas frases, como no caso de posts em uma plataforma de rede social.

Bebo: Rede social fundada em 2005 com 40 milhões de usuários registrados. Abriga principalmente adolescentes e jovens do Canadá, Inglaterra, Irlanda, Nova Zelândia, Austrália e Polônia. *Ver página 24.*

BioMedExperts: Rede social gerada especificamente para a comunidade científica. Permite aos usuários colaborar no desenvolvimento e na pesquisa médica.

Blog abreviação de **Web log:** Website normalmente mantido por uma pessoa (ou grupo de pessoas) e atualizado com entradas regulares. Em geral, as entradas são apresentadas em ordem cronológica e etiquetadas (*tagged*) com expressões e palavras-chave relevantes.

Capital cultural: O montante de influência que uma pessoa carrega para fora de seu círculo social imediato, em um determinado setor ou na sociedade em geral.

Capital social: Expressão que se refere à extensão de sua rede pessoal de amigos e colegas, e o potencial valor que ela representa.

Celebridade virtual: Uma pessoa que alcançou algum grau de fama em um dado setor ou grupo social, normalmente por meio de recursos on-line.

Ciclo de retorno: Refere-se ao ciclo de retorno inerente à comunicação on-line. Um evento da parte de uma empresa ou pessoa gera um retorno da parte do público que, por sua vez, leva de volta ao retorno da empresa/pessoa.

Club Penguin: Rede social dirigida às crianças, apresentando avatares* e minigames.

Comunicação viral: Ampla divulgação de uma mensagem on-line que imita a disseminação de um vírus patológico no modo como consegue passar de um nó para outro.

Conexão: Refere-se a uma pessoa em uma rede social compartilhada, com quem se confirma um relacionamento compartilhado.

Criação conjunta (*cocreation*): Ato ou prática de reunir um grupo de pessoas para colaborar, onde cada uma traz seu talento único ao projeto. Pode se referir a grupos on-line ou da vida real.

***Crowdsourcing*:** Ato ou prática de pegar uma tarefa normalmente concluída por uma única pessoa e abri-la para as contribuições de um grupo de pessoas não profissionais.

---

* Representação gráfica de um usuário em realidade virtual. (N.T.)

Glossário //

Estudo do centro do universo: Trabalho de pesquisa conjunta de 2006 conduzido pela UCLA e Boardex* sobre como o fato de estar no centro de uma rede afeta o sucesso financeiro de uma empresa.

Etiqueta (*tag*): Uma palavra-chave ou expressão atribuída a um website, post, ou outro pedaço de informação que descreve seu conteúdo; permite que a informação que recebeu a etiqueta (*tagged*) seja facilmente localizada.

Facebook: Rede social fundada em 2004 que conecta pessoas com amigos, colegas de trabalho e conhecidos. Atualmente acessada por 124 milhões de membros e crescendo rapidamente. *Ver página 21*.

FAQ: Abreviação de Perguntas Mais Frequentes (em inglês, *Frequently Asked Questions*). Seção em um website onde as respostas para as perguntas mais comuns são listadas para efeito de referência.

Feed: Versão reduzida de um documento da web que mostra somente as mais recentes atualizações, feitas em seu perfil ou nos perfis dos outros em sua rede pessoal.

Flickr: Rede social onde os usuários podem inserir e compartilhar fotos e imagens.

hi5: Rede social fundada em 2003, com 70 milhões de usuários registrados. Classificada como a rede social número 1 em 25 países na América Latina, Europa, Ásia e África. *Ver página 22*.

Influenciador social: Pessoa propensa a influenciar as ações de outras em sua rede social pessoal por meio de suas próprias ações e ideias.

juliettepowell.com: Website que abriga o blog 33millionpeople, assim como atividades da autora relacionadas a outras mídias, nova mídia e mídia social, tais como aplicativos em vídeo, TV, rádio e celulares.

Lei de Reed: Lei que afirma que a eficácia de grandes redes (e redes sociais em particular) pode crescer exponencialmente com o tamanho e importância social da rede.

---

* Serviço de inteligência usado como ferramenta para o desenvolvimento de novos negócios e como fonte de pesquisa acadêmica referente a processos de governança corporativa. (N.T.)

Ligação forte: Relacionamento entre duas pessoas baseado em experiências e situações partilhadas, como no caso de amigos próximos ou colegas de trabalho. *Ver também Ligação fraca.*

Ligação fraca: Relacionamento tangencial entre dois indivíduos baseado em um único encontro ou na apresentação de amigos ou colegas de trabalho. *Ver também Ligação forte.*

LinkedIn: Rede social dirigida para profissionais de empresas e empreendedores. Fundada em 2003, possui 25 milhões de usuários registrados. *Ver página 25.*

Meet-Up: Portal de rede social on-line que facilita encontros de grupos na vida real em várias localidades ao redor do mundo. O Meet-Up permite que os membros encontrem e criem grupos unidos por um interesse em comum.

Microblogging: Prática de enviar breves atualizações (menos de 140 caracteres) para um serviço de microblogging tal como o Twitter. Os posts são imediatos e altamente portáteis por meio de dispositivos móveis e telefones celulares.

Mídia social: Ferramentas com base na internet para partilhar e discutir informações entre seres humanos. A expressão geralmente se refere a atividades que integram tecnologia, interação social e construção de textos, fotos, vídeos e áudio.

Minientrada (*Mini feed*): *Ver Feed.*

Moeda social: Informações e objetos colecionáveis valorizados partilhados para reforçar a sensação de pertencer a um grupo e que têm a vantagem de incentivar mais interações sociais.

Mural: Forma de apresentação de comentários e atividades recentes de um usuário de um perfil de rede social.

MySpace: Rede social fundada em 2003, projetada para conectar pessoas com seus amigos. Atualmente é acessada por 114 milhões de usuários, crescendo rapidamente. *Ver página 20.*

Novas entradas (*News Feed*): *Ver Feed.*

Orkut: Rede social fundada pelo Google em 2004 com 120 milhões de usuários. Abriga principalmente usuários do Brasil e da Índia. *Ver página 23.*

Glossário //

Plataforma de rede social: *Ver Rede social.*

Post: Entrada atualizada em um website, blog ou rede social.

Rede social: Classicamente, refere-se a uma comunidade na qual as pessoas estão de alguma forma conectadas (por amizade, valores, relações no trabalho, ideias e assim por diante). A definição moderna da expressão "rede social" também se refere a um aplicativo na web onde as pessoas podem se conectar entre si.

SEO: Iniciais de *Search Engine Optimization* (Otimização do Dispositivo de Busca). Refere-se ao processo de aperfeiçoamento do ranking de websites nos resultados dos dispositivos de busca, aumentando o número de visitantes em um site.

SMS: Iniciais de *Short Messaging Service* (Serviço de Mensagens Curtas). Refere-se a mensagens com base em texto trocadas entre dispositivos móveis e celulares.

TED: Iniciais de *Technology, Entertainment and Design* (Conferência sobre Tecnologia, Diversão e Design). Reunião anual, somente para convidados, que abriga algumas das maiores mentes criativas e líderes empreendedores do mundo em apresentações colaborativas que incentivam a inspiração e a inovação.

Tráfego: Quantidade de dados transferidos pela internet. Usado de forma mais específica para se referir ao número de usuários em um dado website.

Transparência: A prática on-line de manter os dados facilmente acessíveis e visíveis para os visitantes de um website ou blog. Também se refere à dificuldade de esconder informações postadas on-line.

Tweet: Atualização enviada por meio do Twitter.

Twitter: Rede social e serviço de microblogging popular entre os grandes usuários de tecnologia, na qual atualizações frequentes são postadas usando equipamentos móveis. *Ver páginas 24 e 25.*

Valor da marca (*brand equity*): O total de familiaridade associada a uma marca dentro de seu público-alvo.

Vlog: Abreviação de videoblog. É uma forma de blog em que as atualizações e comentários são feitos por meio de vídeos e textos em links, ou postados.

Webkinz: Rede social destinada às crianças, apresentando versões virtuais de bonecos de pelúcia.

Widget: Interfaces gráficas de programas em que os fãs podiam facilmente embutir seus perfis por todos os sites populares de rede social, websites ou blogs.

Wiki: Ferramenta de colaboração on-line onde qualquer pessoa com acesso pode partilhar ou modificar informações.

Wikipédia: Enciclopédia produzida em conjunto por colaboração on-line, baseada no conceito de wiki.

YouTube: Rede social de compartilhamento de vídeo.

Este livro foi impresso pela Edições Loyola em papel offset 75g.